기독교 가정예식 백과

부록: 교회력 해설

조병두 편저

도서출판 한글

기독교 가정예식 백과

초판 인쇄 2004. 5. 10.
초판 발행 2004. 5. 20.

편저자 : 조병두 목사
740-150 경북 김천시 신음동 1307
해돋이타운 106동 303호
☎(054) 435-2291/H.P. (011) 9640-3034

펴낸 이 : 심혁창
펴낸 곳 : 도서출판 한글
121-860 서울시 마포구 아현동 371-1
☎ (02) 363-0301 FAX (02) 362-8635
본사홈페이지 : www.han-geul.co.kr
E-mail simsazang@hanmail.net
등 록 1980. 2. 20(제10-33)

ISBN 89-7073-086-9-93230

값 8,000 원

추천사

조병두 목사님은 목회를 하시면서 부흥사로 또는 교수로 역사하시고, 시인으로도 시집을 3권이나 발표하였고, 신앙서적을 여덟 권이나 출판하셨습니다. 그의 타고난 은사로서의 글 쓰는 재주가 이번에 이 좋은 「기독교 가정예식 백과」를 발표하게 되지 않았나 싶습니다. 이 책을 읽어보면 조 목사님이 43여간 목회를 하시면서 체계적으로 다듬어진 예식론이라는 것을 알게 될 것입니다. 그의 대표작인 「영적 생활의 실제」나 설교집이나 강해서가 그런 것처럼 이 예식서도 은혜가 넘치는 것을 느낄 수 있었습니다.

세밀하고 실제적이며 실용에 좋게 성경 찬송까지 기록하여 넣은 것은 그의 목회하실 때에 늘 아쉬워하였던 것을 실행한 것이 아닌가 싶습니다.

이 예식서가 실행되는 곳에 은혜와 축복이 넘치고, 후배 모든 목회자들에게 큰 힘이 되리라 믿어 의심치 않습니다

주후 2004년 5월 1일

기독교대한감리회 증경 감독   김종수

□ 머리말 □

「기독교 가정예식 백과」를 펴내면서

우리는 예식을 통하여 하나님을 만나고, 사람을 만나며, 진지한 삶을 만납니다. 거기서 가슴 뛰는 기쁨도, 뼈아픈 슬픔도 만납니다. 예식은 우리의 대소사를 끌어안고, 환경을 바꿔 주고, 새 일을 낳아 주기도 합니다. 거기서 역사를 뛰어 넘어 옛 사람들의 숨결을 나누며, 죽음을 넘어 조상들과 악수를 합니다. 거기서 생명이 움트고, 사랑이 꽃 피고, 천국의 문이 열립니다. 믿음을 통하여 삶을 꿈틀거리게 하고, 더 나은 복지로 인도하여 줍니다.

예식은 역사 속에서 삶의 숨결을 먹고 생성된 것입니다. 한때는 불교, 한때는 유교를 거쳐 흘러 왔고, 근세는 기독교를 거쳐 예식의 모습이 이뤄진 것이 사실입니다. 관혼상제는 순교자들의 피를 마시고서 비로소 지금의 모습으로 자란 것입니다. 그리고 선교 백 주년의 역사에서 소용돌이치면서 점차 정립되어 왔고, 기독교 각 교단에서 예식서에 가정의례를 첨부하여 지침을 밝힘으로 예식이 제 모습을 찾게 되었습니다.

언젠가 평신도 한 분이 가정 예식서를 구매하려고 기독교 서점에 왔는데 목회자용 예식서를 주니 그것을 보고 실망하고 돌아가는 것을 보았습니다.

나는 거기서 평신도일지라도 이해하기 쉬우며, 편하게 행사를 진행할 수 있는 가이드를 만들어 보겠노라고 결심하였습니다.

이 책이 목회자들에게는 목회에 윤활유 역할이 되고, 평신도에게는 그 가정에 행복을 주는 안내서가 되기 바랍니다.

2004년 5월 1일

편저자 조 병 두

차 례

제1편 혼례(婚禮)

약혼식 / 결혼식 / 결혼 기념식

물에 물 탄 듯 사는 것은

그대 앞에서 나 물이 되려는 것은
그대에게 들어가고 섞이기 위하여
내 빛깔도 모양도 향기도 지우고
어깨 낮춰 수평 이루고
그대의 모든 것을 품고
흐르네

그대 안에선
떨어져도 깨어지지 않고
얼면 녹는 나
물은 물로서 살면 그만이기에
물은 물만으로도 충만하기에
내사
다른 것이 되려고 하지 않네

그대와 섞이면 노래하고
그대와 어울리면 춤추고
그래서 한 몸인가
떨어져서 못 사네
우리는
싱싱하고 도도(滔滔)히 흘러
언제나 맑고 뿌듯한 강물이네

쉬지 못하는 순례의 길에서
돌고 넘을 굽이야 많겠지만
뒤돌아 흐르지도 못하는
단 한번의 우리 물줄기
푸르고 힘차게 흘러야지
아아 꿈에도 소원인
하늘같은 바다가 되기 위하여

Ⅰ. 약혼식

1. 누구와 결혼하나

결혼은 사람의 행복과 불행을 좌우하는 중요한 일이기에 그 과정으로서 만남과 사귐이 소중하다. 하나님의 섭리 안의 것이기에 천정배필이라고 하지만 그러기에 기도하면서 살피고 찾아보아야 한다. 어느 정도 마음이 간다고 하여 쉽게 결혼을 결심하지 말고, 두고 생각하고 알아보아야 실수하지 않는다.

배우자에 관하여 선택 항목들을 작성하고, 그 기준을 선택하여 찾아가지만, 완전한 사람은 없으므로 덜 중요한 부분은 포기하면서 수정하며 나아갈 것이다.

◎ 알아보아야 할 것들

개인 사항 – 신앙, 외모, 성품, 나이, 성격, 혈액형, 학벌, 직업, 건강, 기능, 취미, 인생관, 효도관 등.
가족 사항 – 가족, 가풍, 혈통, 화목, 가족 종교, 유전병, 집안 내력 등

중매자만 믿지 말고 알아볼 대로 알아 봐야 한다. 부모님과 후

견인과 상의하여야 한다. 중매인 경우는 성의 있게 부탁하여야 중매자도 열의를 가진다. 그리고 자기 소개와 요구를 잘 말해야 도움이 된다. 물질 면보다 정신면을, 현재보다는 미래성을, 완전한 사람보다는 자기와 조화될 짝을 선택하여야 한다.

한 사람을 교제 중에 또 다른 중신이 들어오면 살펴보고, 어지간한 사람이면 걸러내어야 선택에 어려움이 없다.

2. 결혼은 성공하여야 한다

약혼이나 결혼을 앞둔 사람이 결혼 성공의 비결을 묻는다면 나는 서슴없이 그 길은 가까이 있다고 말한다. 하나님께서 만물을 창조하시고 마지막에 사람을 지으시되 남녀로 지으시고, 결혼 제도를 제정하시며 아담과 하와를 짝지어 주시면서 결혼 성공의 비결을 말씀하여 주셨기 때문이다. 인위적인 노력에 앞서 먼저 하나님의 요구인 성경의 결혼관을 바로 알고 명심하며 지키라고 엄숙히 명하고 싶다. 결혼에 대한 성경 말씀을 지킨다면 결혼은 반드시 성공할 수 있다고 확답할 수 있다.

마태복음 19장 6절에는 "하나님이 짝지어 주신 것을 사람이 나누지 못할지니라"고 말씀하셨다. 그러기에 인위적인 아무것도 이것을 분리할 수 없다는 것이다. 신앙적 관점에서 이 말씀만 제대로 안다고 해도 어찌 오늘날 같은 이혼율이 생길 수 있느냐 말이다. 결혼제도는 하나님께서 제정하셨기에 신성하고, 소중하다. 어떠한 어려움 가운데서라도 가정을 지켜야 하는 이유가 바로 여기에 있다.

창세기 2장 24절에는 "연합하여 둘이 한 몸을 이룰지로다."라고 말씀하셨다. 동등된 두 인격체가 사랑으로 하나를 이루는 합일성과 일치성을 말한다. 먼저 스스로 상대를 위하여 자기를 비워야 한다.

자기를 비우면 상대의 인격과 역할을 존중하게 되고, 중요시하게 되며, 이해와 협력 조화로 책임을 다하게 된다. 그러면 결혼생활은 반드시 성공하리라 믿는다.

창세기 2장 18절에는 "내가 그를 위하여 돕는 배필을 지으리라 하시니라"고 말씀을 하셨다. 배필이란 '원조자, 보충하는 사람, 보필하는 사람'의 뜻이다. 남자도 무엇인가 부족한 것이 있을 수 있기에 그것을 보충해 주는 사람이 아내라는 것이다.

결혼은 서로의 도움에서 이루어지는 것이며, 서로의 부족한 것을 보완하고 협조자로 서로 서 있어야 할 때만이 성공하는 것이다.

3. 약혼식 진행 요령

(1) 의의

약혼은 결혼식을 당장 거행할 수 없는 입장에서 혼인을 하기 위해 약속 예식이다.

(2) 준비

약혼식을 하기 위하여 일시와 장소를 결정하고 주례에게 절차, 순서지, 준비, 유의할 점을 듣는다. 하루 전에 꽃, 선물, 음식, 초, 케이크 등을 준비 확인한다. 양 가족을 소개할 사람을 정한다. 백년 가약의 뜻깊은 선물이기에 반지가 좋다. 반지에는 성명과 날짜를 새긴다.

(3) 유의할 점

약혼은 정혼이다. 결혼할 배우자와 정혼을 하였으므로 다른 사람과 교제를 하면 안 되고 약혼자와도 결혼이 아닌 만큼 깨끗이 남녀의 도리를 지켜야 한다.

(4) 약혼식 좌석 배치도

남자 쪽 부 모   약혼자   모 부 **여자 쪽**
□○   □○   ○□
남 여

주례자▨

친족 □○ □○ □○ □○ 친족
성도 □○ □○ □○ □○ 성도

4. 약 혼 식 순

준비···**주례자**

1. 약혼자와 그 양가 부모가 준비실에서 따로 있다가 시간이 되어 입장하는 방법과 미리 입장하여 진행하는 방법이 있다. 사정에 따라 진행하면 된다.
2. 주례자는 20분전에 입장 준비 상황을 확인하여야 한다.
3. 약혼자들에게서 약혼 선물을 받아 간직하였다가 선물 교환 순서 시간에 전달한다.
4. 약혼식 때는 결혼 찬송을 부르지 않는다.
5. 신랑 신부라는 명칭은 사용하지 않도록 유하여야 한다.
6. 2, 3분 정도 준비 기도를 하고 진행한다.

입장···**약혼자와 부모**

약혼자와 그 부모가 함께 입장하시기 바랍니다. 박수로 격려하여 주시기 바랍니다. 약혼자와 그 부모님이 하객 여러분께 인사를 드리겠습니다.

(약혼자와 그 양가 부모는 하객에게 인사한 후 어머니는 점화하고 앉는다.)

개식사·· **주례자**

우리는 지금 하나님과 여기 모인 가족과 친지들 앞에서 ○○○군과 ○○○양의 약혼식을 거행하려 합니다. 약혼은 두 사람이 앞으로 결혼할 것을 가족과 이웃에게 밝히며, 하나님과 앞에서 그 결혼을 약속하는 것입니다.

이 아름다운 약속을 하나님께서 축복하셔서 이 두 사람의 애정이 두터워지며, 그 애정이 숭고한 사랑으로 자라나서 결혼에 이르러 하나님께 영광! 두 분에게 큰 행복, 모두에게는 기쁨이 되기를 바랍니다.

기도··· **맡은이**

사랑의 하나님, 아버지의 오묘한 섭리를 감사 드립니다. 하늘의 별과 바다의 모래알처럼 많은 사람 중에 이 두 사람 ○○○군과 ○○○양을 뽑아 짝지어 주셔서 감사합니다. 이제 하나님의 법례에 따라 약혼식을 거행하고자 하오니, 이 고개 숙인 두 젊은이의 약혼 예배를 통하여 영광을 받으시고, 한없는 축복을 내려 주옵소서. 앞으로 두 사람의 사랑이 서로 노력하는 속에서 순결하고 아름답게 꽃피어 나게 하시며, 그 향기를 교우들과 이웃에게 풍기게 하시고, 차차 영글어 결혼에 이르도록 도와 주시옵소서. 이 만남이 평생 한결같이 복되게 하옵소서.

이 두 분의 결혼을 위해 기도하며 준비할 양 가정도 항상 지켜 주시옵소서 우리 주 예수 그리스도의 이름으로 기도 드립니다.

성경 봉독 ··········갈라디아서 3장 15-17절············· **주례자**

¹⁵형제들아 사람의 예대로 말하노니 사람의 언약이라도 정한 후에는 아무나 폐하거나 더하거나 하지 못하느니라 ¹⁶이 약속들은 아브라함과 그 자손에게 말씀하신 것인데 여럿을 가리켜 그 자손들이라 하지 아니하시고 오직 하나를 가리켜 네 자손이라 하셨으니 곧 그리스도라 ¹⁷내가 이것을 말하노니 하나님의 미리 정하신 언약을 사백 삼십 년 후에 생긴 율법이 없이 하지 못하여 그 약속을 헛되게 하지 못하리라.

설교 ······················신성한 언약 ···················· **주례자**

서약 ·· **약혼자**

㉄ 양가 부모님께 묻습니다. ○○○군과 ○○○양의 가정은

이 두 사람의 약혼을 허락합니까?

답 예. 허락합니다.

문 약혼자에게 묻습니다. ○○○군과 ○○○양은 앞으로 하나님 법에 따라 결혼할 것을 약속하며, 서로가 약혼자로서 신의를 지키기로 서약합니까?

답 예. 그렇게 서약합니다.

신물교환·· **약혼자**

지금은 약혼 서약 신의 표로서 신물을 교환하겠습니다.

이것은 ○○○군의 결혼 서약의 표입니다(남자 → 여자)

이것은 ○○○양의 결혼 서약의 표입니다(여자 → 남자)

(신물의 의미를 설명하면서 주게 한다)

약혼 선언 ··· **주례자**

이제 나는 성부 성자 성령님의 이름으로 ○○○군과

○○○양의 약혼이 성립된 것을 선포합니다. 아멘

신속한 시일 내에 결혼하고 신의와 예의와 덕을 지켜 사랑을 다져 가기를 바랍니다.

인사··**양가 대표**

축도···**주례자**

5. 피로연

◎ 인사 소개 - 소개자가 웃어른부터 차례로 소개한다.

◎ 케이크 자르기 - 촛불은 양쪽 어머니가 켜고, 케이크는 약혼자가 자른 후 칼은 뽑지 말고 그대로 두고 나눈다.

5. 약혼식 예배 설교

언약의 소중성
갈 3: 15-17

오늘 이 약혼을 진심으로 축하합니다. 약혼하는 두 젊은이와 그 양가 위에 하나님의 특별하신 축복이 임하시기를 주 예수 그리스도의 이름으로 축원합니다. 이 약혼식을 통하여 두 가정이 공동체적인 유대가 공고하여지고, 두 젊은이의 앞길에 서광이 비치기를 바랍니다.

약혼의 성격을 알아봅시다.

세상에는 여러 가지 약속이 있습니다. 말로 하는 언약에서 법적 효력이 있도록 서류로 작성하며 날인하는 계약이나 여러 사람 앞에서 약속하는 공약 등이 있습니다.

사도 바울은 사람의 언약이라도 정한 후에는 아무나 폐하지 못한다고(갈 3:15) 하여 언약의 중요성을 말씀하였습니다.

원래 성서적인 의미에서의 약혼이란 계약이라는 말씀에 근거하고 있습니다. 하나님께서 그의 택하신 백성과 맺으신 계약이 모든 인간 관계에 있어서 기초가 된다는 것입니다. 그런 견지에서 해석한다면 약혼은 계약이 동의와 책임의 요소가 내포된 중요한 예식이라 하겠습니다. 오늘 약혼하는 두 젊은이는 상대가 하나님께서 선정하여 주신 배필인 줄 믿고 감사합시다. 그런 의미에서 약혼식도 결혼식처럼 엄숙한 것이고, 그리고 약혼 후에도 성경적으로 깨끗한 교제를 할 줄 믿습니다. 그리하여 거룩하

고 아름다운 결혼으로 이어져서 놀라운 하나님의 축복을 받아
결혼생활을 대성하기를 바랍니다.

약혼기간의 의미를 생각해 봅시다

약혼기간은 이미 선택된 결혼 상대간에 결혼을 준비하는 기간
입니다. 약혼 전에는 상대를 알기 위해 눈을 크게 떴으나 약혼
후에는 눈을 반만 뜨되 이해하기 위해서만 눈을 뜨기 바랍니다.
이제 상대를 알아보는 기간은 끝나고, 결혼을 잘하고 잘살기 위
해 준비하는 기간을 가지게 된 것입니다.

물론 결혼에 소용되는 여러 가지 준비를 해야겠지만 내가 말
하는 것은 그런 준비 이상의 준비를 말합니다. 깊은 이해와 사랑
으로 결합할 수 있도록 준비하는 것입니다. 결혼하면 자기 사람
이 되는 것이니 결혼하여 행복하게 살 수 있도록 조화를 이루는
준비를 하는 것입니다.

사랑의 기초공사를 다지는 것입니다. 성격·성향·기질·사
상·신앙·사명·취미·포부 등을 피차 알아 이해하고 조절하
여 하나가 되게 하는 것입니다. 진정한 사랑은 자기를 비워 상대
를 내 안에 채우는 데 있습니다. 다른 사람이 아닌 너와 나를 짝
지어 주신 하나님의 섭리는 어디에 있는 것인가를 생각해 보고
기도해야 하겠습니다. 약혼기간에 사랑을 다지는 일들을 이루지
못하면 사랑을 다질 기간은 다시 오기 힘듭니다. 결혼 후에는 생
활 문제가 짐이 되기 때문입니다. 서로 가볍게 만날 수 있고, 마
음 전체를 줄 수 있는 약혼기간에 사랑이 깊이 뿌리를 내려야 평
생 행복할 수 있습니다. 뜻 있는 약혼기간이 되어 아름답고 행복
된 반석 같은 가정을 이루기를 주 예수의 이름으로 축원합니다.

Ⅱ. 결혼식

1. 결혼 준비 3개월

(1) 3개월 전

* 결혼일 결정 혼수 품목별로 예산 작성 및 조달 방안 마련
* 결혼식장 피로연 장소 예약
* 주례를 부탁하고 인사를 드리며 유의 사항을 들을 것
* 신혼 여행지 결정 및 예약
* 축하객을 운송하여야 할 경우 관광 버스 예약

(2) 2개월 전

* 양가 부모 한복 준비 - 예단비 교환
* 새 집을 마련하되 결혼 1개월 전 비우도록 예약
* 청첩장 보낼 주소록 작성
* 양가에 대한 예단 상의 실행(혼수품은 살 집에 맞게)
* 웨딩드레스와 신부 화장 미장원 예약
* 신부 부케 준비 - 부케는 이틀 동안 시들지 않아야 한다.

(3) 1개월 전

* 청첩장 발송, 결혼 예물 준비, 혼수품 배달 요청
* 꽃, 사진, 비디오 예약 및 결혼식 순서지 작성
* 자동차 준비(결혼 당일 및 신혼 여행)
* 축가 준비-곡이 너무 길지 않도록
* 주례자 면담-예식 순서를 물어서 확실히 익힐 것
* 3-7일 전 신부 기초 화장
* 신혼여행 준비-짐은 적게, 옷과 신발 함께 구입할 것

(4) 결혼식 날 협조자 선정

* 신랑 신부 각각 물건과 뒤처리 담당자
* 차량과 운전자, 접수자, 사회자, 축가자, 안내자 선정
* 주차 관리자, 피아노 반주자, 식장 안내, 순서지 담당
* 신혼 여행지 담당

(5) 예배당에서 결혼식 할 때에 유의 사항

* 결혼 주례 청원서를 1주일 전에 당회장에게 제출.
* 교회당에서 거행할 수 있는 자격은 세례 교인.
* 그 교회 담임 목사가 주례한다.
* 순서는 한 주일 전에 당사자들이 목사님과 의논 인쇄.
* 예배당 장식을 그 교회 청년들에게 부탁할 것.
* 반주자, 신부 드레스와 면사포는 당사자가 준비한다.
* 당일 새벽 가정예배를 드리고 부모 당부 말씀을 들음.

* 양가의 부모와 순서 담당자는 30분전에 도착할 것.
* 예식 10분전에 양가 부모와 사회자 주례자 제 자리에.
* 신랑 신부는 20분전에 도착하여 대기실에서 대기한다.
* 무엇보다도 기도로 준비함이 절대 필요하다.

2. 납폐

신랑집에서 신부집에 허혼의 감사의 보답으로 홍색 청색 비단이나 기타 옷감을 함 또는 가방에 넣어 결혼 전날 밤에 보낸다. 그 옷감으로 옷을 지어 폐백 때 입어야 하므로 요즈음은 일 주전에 보낸다. 그것을 신랑 친구들이 가지고 가는 예가 많은데 함잡이들이 무리한 요구를 하지 않는 것이 좋다. 가정의례에는 이를 폐지한다고 되어 있다.

3. 결혼 식순

점화·· **양가 어머니**

양가 어머니께서는 촛불을 밝히시기 바랍니다.

(양가 어머니가 단 밑에서 맞절로 인사하고 촛불을 점화하고 축하
객에게 인사하고 자리로 간다)

입장 ··· **신랑신부**

"신랑 입장" "신부 입장" 축하객 여러분은 신부를 정중히
맞는 뜻에서 일어서 박수를 주시기 바랍니다.

1. 신랑이 입장하여 주례자에게 인사하고 돌아서서 신부 입장 볼 때
2. 신부가 아버지의 인도로 입장한다.
3. 신부가 단에서 다섯 발자국 전방까지 왔을 때 신랑은 나아가 부친께
   절하고, 신부를 맞아 단상으로 인도하여 주례자의 왼편에 신랑은 주례
   자의 오른편에 선다.

개식사 ··· **주례자**

사랑하는 여러분, 우리는 지금 하나님 앞과 여러 증인들 앞에
서 신랑 ○○○군과 신부 ○○○양의 결혼식을 거행하려 합니
다. 신랑 신부의 결혼을 경축하는 마음으로 이 예식에 임하시
기 바랍니다. 조용하고 엄숙하게 예식을 진행하도록 협조하여
주시기 바랍니다.

맞절 ··· **신랑 신부**

상견례를 하겠습니다. 신랑, 신부는 서로 마주 보세요.
신랑은 신부의 얼굴을 가린 면사포를 머리 위로 올려주고 목

례로 서로 인사하겠습니다. 신랑 신부 맞절!

결혼 서약········(서약서가 예식장 강단에 비치됨)······**신랑 신부**

문 신랑 신부에게 묻겠습니다.

신랑 ○○○군과 신부 ○○○양은 어떠한 경우라도 항상 사랑하고 존경하며 진실한 남편과 아내로서 도리를 다할 것을 서약합니까?

답 예, 그렇게 하기로 서약합니다.

성혼기도 ··· 주례자

(성경 위에 신부 신랑 오른손 얹고, 그 위에 주례자 손 얹고 축복한다.)

복의 근원 하나님, 결혼 서약을 한 이들에게 복을 내려 주옵소서. 사랑으로 하나 되어 백년 해로하고, 믿음과 건강과 부를 주셔서 남을 돕고 사는 행복을 얻게 하시며 좋은 자손으로 인해 보람을 얻게 하시며, 하나님 섬기는 삶으로 천국 후사가 되게 하소서. 주 예수 그리스도의 이름으로 축원합니다.

성혼 선언 ··· 주례자

신랑 ○○○군과 신부 ○○○양은 부모님과 친척 친지를 모신 자리에서 하나님 앞에 일생 동안 고락을 함께 할 부부가 되기를 굳게 맹세하였습니다. 이에 주례는 이 혼인이 원만하게 이루어진 것을 여러분 앞에 엄숙히 선언합니다.

○○○○년 ○월 ○일　　주례 ○○○

주례사 ··· **주례자**

축가 ··· **맡은이**

인사··· 인사말씀, 축문, 축전, 축품 감사, 피로연 광고······ **양가 대표**

배례 ·· **신랑 신부**

> * 키워 주신 감사의 뜻에서 신부 부모님께 절합시다.

> * 신랑의 부모님께 부탁의 뜻에서 절하기 바랍니다.

> * 하객 여러분에게 감사의 뜻에서 절하기 바랍니다.

행진 ········ 신부가 신랑의 왼쪽에서 팔을 끼고 퇴장········ **신랑 신부**

이제 새 가정이 세상을 행하여 출발하겠습니다. 신부가 신랑의 팔을 끼고 행진할 때에 그 뒤에 양가 부모님께서 따르셔서 밀어 주시고, 하객 여러분은 일어나시어 격려의 박수를 쳐주시면 감사하겠습니다.

"신랑 신부 행진"

4. 결혼 예배순

준비 ·· **주례자**

(주례자는 20분전에 입장. 준비 상황을 확인하고)

곧 예식이 시작되겠습니다. 아직 입장하지 않은 하객은 속히 입장하시기 바랍니다.

입장 ·· **신랑 신부**

"신랑 입장" "신부 입장" 축하객 여러분은 신부를 정중히 맞는 뜻에서 일어서 박수를 주시기 바랍니다.

1. 신랑이 입장하여 주례자에게 인사하고 돌아서서 신부 입장 볼 때
2. 신부가 아버지의 인도로 입장한다.
3. 신부가 단에서 다섯 발자국 전방까지 왔을 때 신랑은 나아가 부친께 절하고, 신부를 맞아 단상으로 인도하여 주례자의 왼편에 신랑은 주례자의 오른편에 선다.

개식사 ·· **주례자**

사랑하는 여러분, 우리는 지금 하나님과 여기 모인 여러 증인들 앞에서 신랑 ○○○군과 신부 ○○○양의 결혼식을 거행하려고 합니다. 결혼은 인류 복지를 위해 하나님께서 허락하신 거룩한 법이며, 예수 그리스도께서도 갈릴리 가나 혼인 잔치에 친히 참석하셔서 축복하여 주시기까지 하셨습니다. 그리고 성서에도 그리스도와 교회의 신비스러운 연합을 결혼으로 표시하였습니다.

그러므로 우리는 이 결혼 예식을 신중하고 엄숙한 마음으로 진행하여 하나님의 법을 따라야 하겠습니다. 결혼은 하나님께서 허락하신 것이며 예수 그리스도께서 축복하신 것이고, 성서가 증거 하신 것이기 때문입니다. 이제 이 결혼 예식을 통하여 여기 두 분은 하나님께서 허락하시고, 예수 그리스도께서 축복하시며, 성서가 고백하고 있는 신비로운 생활에 들어가게 됩니다. 하나님의 축복이 두 분에게 함께 하시기를 바랍니다.

기도 ·································· **주례자**

만물을 창조하시고 인간을 내시사 사랑하게 하신 하나님, 영광과 찬양을 아버지께 돌립니다. 여기 두 사랑하는 젊은이가 하나님의 허락하심에 따라 일생 동안 그 삶을 함께 하기 위하여 결혼예식을 거행하고자 엄숙히 머리 숙였사오니 성령이시여 이 자리에 임재하시사 이 결혼을 축복하여 주시옵소서. 예수님의 이름으로 기도 드립니다. 아멘

성경 봉독·············· 창세기 2장 24-25절·············· **주례자**

[24]이러므로 남자가 부모를 떠나 그 아내와 연합하여 둘이 한 몸을 이룰 지로다 [25]아담과 그 아내 두 사람이 벌거벗었으나 부끄러워 아니하니라.

결혼 서약 ·································· **신랑 신부**

신랑 신부는 손을 들고 주례자의 묻는 말에 정중히 대답하기 바랍니다.

㉄ 신랑에게 묻겠습니다. 신랑 ○○○군, 그대는 신부 ○○○ 양을 그대의 결혼한 아내로 삼고 언제 어디서나 어떤 일을 당하든지 모든 경우에 이 여자를 사랑하고 존중히 여기며 도와주고 위로하며 신실한 남편의 책임을 다하여 일정한 부부의 대의와 정조를 굳게 지키기로 서약합니까?

㉱ 예, 그렇게 하기로 서약합니다.

㉄ 신부에게 묻겠습니다. 신부 ○○○양, 그대는 신랑 ○○○ 군을 그대의 결혼한 남편으로 삼고, 언제 어디서나 어떤 일을 당하든지 모든 경우에 이 남자를 사랑하고 존중히 여기며 도와주고 위로하며 신실한 아내 책임을 다하여 일정한 부부의 대의와 정조를 굳게 지키기로 서약합니까?

㉱ 예, 그렇게 하기로 서약합니다.

성혼 기도·· 주례자

(성경 위에 신부와 신랑의 오른손을 포개 얹게 하고, 그 위에 주례자의 손을 얹고 축원기도를 한다.)

만복의 근원 하나님, 지금 결혼 서약을 한 두 분에게 복을 부어 주옵소서. 믿음, 소망, 사랑으로 하나 되어 백년 해로하게 하시고, 사명을 주셔서 한평생 뜻 있는 삶을 살게 하옵소서. 건강을 주시고, 재산도 주시사 남을 돕는 즐거움도 얻게 하옵소서. 후손도 적당히 주시되 건강하고 영리한 자손을 주셔서 보람을 얻게 하시며, 일생동안 주님을 섬기는 삶을 살게 하사 하늘 나라 후사가 되게 하소서. 예수 그리스도의 이름으로 축원합니다. 아멘.

성혼 선언 ·· 주례자

그대들이 하나님과 이 모든 증인들 앞에서 거룩한 결혼의 서약을 맺었으므로, 나는 이제 ○○○군과 신부 ○○○양이 지금으로부터 부부가 된 것을 성부와 성자와 성령의 이름으로 공포합니다. 하나님께서 짝지어 주신 것을 그 무엇으로든지 갈라놓아서는 안됩니다. 아멘

면사포 걷음·· 신랑 신부

신랑, 신부가 서로 마주 보고, 인사하고, 신랑이 신부의 면사포를 머리 위로 걷기 바랍니다.

인사 및 광고·· 양가 대표
축도 ·· 주례자
배례 ··· 신랑 신부
행진 ·· 신랑 신부

신랑 신부가 힘차게 인생을 출발하겠습니다. 양가 부모님은 밀어 주시는 뜻에서 뒤따르시고, 축하객 여러분은 격려의 박수를 쳐주시면 감사하겠습니다. 신랑 신부 행진!

5. 결혼식 주례사

둘이 한 몸

창 2: 18-25

오늘 이 결혼을 축하하며, 하나님께서 축복하여 주시기를 기원합니다. 오늘 본문 말씀은 하나님께서 세상을 창조하시고 결혼 제도를 제정하시며 직접 축복하여 주신 말씀하신 것입니다.

창세기 2장 24절을 생각하여 봅시다

이 말씀은 하나님께서 신랑에게 주시는 권면의 말씀입니다. '남자가 부모를 떠나'라고 하였습니다. 세상 풍습은 여자가 부모를 떠나 남자와 연합하려고 출가하는 것이 통례인데 그와 반대로 남자가 부모를 떠나 아내와 연합하라고 하신 이 말씀의 뜻은 무엇입니까? 결혼은 남자가 부모의 보호와 통제로부터 떠나 독립적 자각에서 시작된다는 것입니다. 결혼 생활 성공은 남자가 독립 자각을 하고 주인 의식을 가질 때 이룰 수 있다는 것입니다. 결혼한 아내들이 남편을 주인이라고 부르는 의미도 여기에 있다고 하겠습니다. 이 독립 의식의 확립에서 가정은 든든히 서고 남자는 비로소 남편 대우를 받게 되는 것입니다.

그리고 "남자가 그 아내와 연합하라"라고 하였습니다. 이 말씀은 남자가 여자를 위해 자기를 비우고, 연합해 주는 것을 뜻합니다. 강한 자가 약한 자에게 자기를 비우고, 있는 자가 없는 자에게 자기를 비우는 것은 쉽지 않습니다. 남자가 아내를 위해 자기를 비운다면 아내의 약함도 아름답게 보이고, 그 약점도 순수성으로 보일 것입니다. 여자의 약함과 약점들을 충분히 알고 체휼하는 것이 남자가 자기 아내와 연합하는 것입니다.

창세기 2장 18-21절을 생각해 봅시다

이 말씀은 하나님께서 신부에게 주시는 권면의 말씀입니다. 결혼 생활의 성공은 아내가 돕는 배필로 서는 데 있다는 것입니다. 배필이라는 말은 '원조자, 보충하는 사람, 보필하는 사람'의 뜻입니다. 남자가 가정을 주장하기는 하지만 무엇인가 부족한 것이 있을 수 있기에 그것을 보충해 주는 사람이 아내라는 것입니다. 아내에게는 남자에게 없는 어떤 특별한 것을 하나님께서 주셨다는 것입니다. 아내가 남편에게 없는 것이 자기에게 있다는 것을 깨닫는 것은 아내의 의미를 자각하는 것이요, 그것을 가지고 남편을 도우려 하는 것은 아내의 사명을 다하는 것입니다. 남편이 자기를 비어 아내와 연합하려고 애쓰며, 아내는 남편을 돕고 보필하려고 애 쓸 때, 여기에서 서로의 존경이 이뤄지고 사랑이 깊어져 아름다운 행복이 열매 맺게 됩니다. 희생해서 기쁘고, 고통 하면서 즐겁고, 슬픔에서도 행복한 것은 사랑입니다. 하나님을 잘 섬기고, 나라에 충성하며, 부모에게 효도를 잘하고, 이웃에게 선을 베푸는 다복한 가정을 이루기를 주 예수님의 이름으로 축원합니다.

6. 폐백 드리기

* 신랑 신부는 대례복을 갈아입고 폐백실로 가서 신랑의 부모
  님과 친척께 절한다. 신부의 동서가 수모가 되어 돕는다. 신
  부는 준비한 폐백, 시아버지에게는 대추를, 시어머니에게는
  꿩 혹은 닭을 드리고 이때 시부모는 지니고 있던 보석이나
  반지를 내린다.
* 절을 마치면 신부의 치마폭에 시부모가 대추 밤을 던져 주는
  데 자손을 축원하는 뜻이 있다.
* 신랑은 웃어른께 절하고 같은 항렬은 맞절한다.
* 신부의 수고를 덜어 주기 위해 층에 따라 함께 절한다.

7. 결혼 선물

약혼 및 결혼 선물은 그 가격이 중요한 것이 아니고 정성과
의미가 중요하므로 형편에 따라 하되 의미가 깊은 것이 무엇인
가를 생각하여 하는 것이 좋다.

W · 셰익스피어는 말하지 않는 보석의 편이 살아 있는 인간의
말보다도 더 힘있게 여자의 마음을 움직인다고 하였다. 일생 사
랑의 표식으로 마련된 선물은 어느 때 여자에게는 큰 힘으로 버
티어 주는 힘이 될 수도 있는 것이다.

대개 서양식의 탄생석을 많이 사용하는데 탄생석에 내포된 의
미는 아래와 같다.

* 1월 : 가네트(석류석) -우애, 정조. 충실
* 2월 : 애미디스트(자수정)-애정, 성실, 평화.
* 3월 : 아크아마린(남옥)-정렬, 용감, 총명
* 4월 : 다이아몬드(금강석)-영원한 행복, 불변한 마음
* 5월 : 에메랄드(녹옥)-매력, 행복
* 6월 : 진주, 월장석 알렉산드리아드-건강 장수
* 7월 : 루비(홍옥)-질투 의심 모르는 순정, 정렬
* 8월 : 호마노(감람석)-화합, 부부의 행복
* 9월 : 사파이어(청옥)-청순, 덕망
*10월 : 오팔(단백석, 전기석)-온화, 인내
*11월 : 토파스(화옥) 코르덴사파이어-화락
*12월 : 블루지르콘(터키석)-성공

가난한 우리들은 주로 황금 반지로 하는데 믿는 사람에게 황금은 불변한 믿음과 진리를 상징하기 때문에 이보다 좋은 결혼 선물은 없다. 반지에는 두 사람의 성명과 결혼 날짜를 조각한다.

8. 신혼 여행

(1) 여행지 선택

남들이 가는 곳이라고 가면 고생만 하게 되기 쉬우니, 이때 아니면 가지 못할 뜻 있는 곳으로 행선지를 정하면 좋다. 교통편, 숙박시설, 기간, 근래의 그곳 사정들을 알아보고 경비에 맞도록 정하여야 한다. 일기 관계도 예보를 보고 정하여야 한다.

(2) 준비물

제 철에 맞게 준비하되, 짐은 미리 간편하게 꾸려 두라.

신랑 - 간편한 복장, 잠옷, 와이셔츠 2, 넥타이, 양말 3, 속옷, 손수건, 편한 신, 세면도구, 카메라, 의약품, 승차권, 비행기표, 호텔 예약 쿠폰, 현금 또는 수표 등.

신부 - 간편한 복장, 한복 1벌, 잠옷, 속옷 2벌, 손수건, 블라우스, 스카프, 스타킹, 보자기, 화장품, 큰 타월, 파라솔, 버선 고무신, 편한 신, 바늘, 실, 핸드백 등.

(3) 호텔 이용법

※ 호텔 출입구 프런트에서 숙박카드를 작성하고, 안내원을 따라 입실, 이 때 안내원이 짐을 운반해 준다.

※ 안내원의 방 설비 설명을 듣고 모르는 것은 묻는다.

※ 짐 정리를 하고, 간편한 옷으로 갈아입는다.

※ 식사는 바깥에서도 할 수 있다. 호텔 안 식당에서 하려면 가이드북을 보고 룸서비스를 요청하면 된다.(서비스료가 가산된다)

※ 외출 시는 키를 프런트에 맡겨야 한다.

※ 침대는 낮에는 커버를 씌워 두지만, 저녁에 당번이 와서 잠자리를 보아주고, 아침에는 정리하여 준다.

신행 예배순

묵도 ·· 다함께

다 함께 묵도 드림으로 신행 예배를 그리겠습니다.

기도 ·· **맡은이**

사랑의 하나님, 이 가정에 새 가족을 보내 주시니 감사합니다. 신랑 신부 서로 사랑하고 도와 한결 같이 한길 가게 하시고, 하나님을 높이 공경하며, 부모님을 잘 섬기고, 형제와 우애 깊은 아름다운 가정을 이루게 하소서. 이 신부가 옴으로 가정이 더욱 행복하게 하시며, 부유하고 번창하게 하소서. 이웃에게서 사랑과 존경을 받는 가정을 이루어 하나님께 영광을 돌리게 하소서. 주 예수의 이름으로 기도합니다. 아멘

성경 봉독···············창세기 24장 63-65절················ **주례자**

[63]이삭이 저물 때에 들에 나가 묵상하다가 눈을 들어보매 약대들이 오더라 [64]리브가가 눈을 들어 이삭을 바라보고 약대에서 내려 [65]종에게 말하되 들에서 배회하다가 우리에게로 오는 자가 누구뇨 종이 가로되 이는 내 주인이니이다 리브가가 면박을 취하여 스스로 가리우더라.

설교 ···················· 리브가의 신행 ···················· **주례자**
축도·· **주례자**

-ː

* 유의할 사항

좌석 – 신랑 신부는 방석을 깔은 상석에 앉히고, 그 옆에 부모를 모시고, 친척 하객은 맞은 편에 앉아 예배를 드린다.

배례 – 먼저 부모님께 절하고 소개하는 분이 소개하는 순서로 웃어른부터 차례로 큰절을 한다.

후행 – 대체로 신부의 아버지가 가는데 예단과 음식물을 가지고 간다. 상객은 제일 좋은 자리와 음식으로 대접한다. 상객이 돌아갈 때는 음식을 보내 드린다.

-ː

9. 신행 예배 설교

리브가의 신행
창 24 : 63-65

새 가정의 개 가족으로 신행을 오게 된 것을 진심으로 축하합니다. 새 가정에 하나님 아버지의 축복이 넘치시기를 진심으로 축원합니다. 오늘 본문은 이삭이 그 아내 리브가를 영접하는 말씀의 내용입니다. 이삭은 그 신부가 택정되어 오는 것을 기대하면서 묵상기도를 하다가 그의 신부를 맞았습니다. 묵상하였다는 것은 '생각하다' '기도하다'라는 뜻으로 신부를 맞는 이삭의 두터운 신앙을 볼 수 있습니다. 신부를 하나님께서 택하여 보내 주셨음을 믿는 신앙적 태도입니다. 이것이 신부를 맞는 신랑과 그 가족들이 본 받아야 할 성경적 모습인 것입니다.

아브리람의 종 엘리에셀이 그 주인의 자부로 리브가를 선택할 때 선택의 방법으로 샘에 물 길러온 처녀에게 물을 달라 청할 때 물을 마시게 하고, 타고 온 약대까지 물을 주면 그를 선택자로 알겠다고 하나님께 기도하였는데 그렇게 하여 리브가를 선택하게 되었습니다. 여기서 신부 리브가의 순종, 인심, 봉사정신, 근면을 볼 수 있는데, 신부 리브가는 면박으로 얼굴을 가리고 신랑을 맞았다는 데서 또 다시 그의 겸양과 순결과 순종을 볼 수 있습니다. 이런 남녀가 부부가 되니 그 가정에 사랑이 넘치고 위로가 있었다고 하였습니다.

그 가정에 결혼의 본질적인 요소인 순결과 아름다운 사랑이 넘치니 위로와 행복이 충만할 수밖에 없습니다. 오늘 신부를 맞는 이 가정도 이런 축복을 받기 바랍니다.

Ⅲ. 결혼 기념일

1. 결혼 기념일의 명칭

결혼 기념일은 가정 창설 기념일이다. 이 날을 맞아 하나님께 감사하고 그 옛날의 기쁨을 되새기면서 사랑을 회복하고 서로 위로하고 격려해 주는 것은 의미가 깊다(이 명칭은 지방에 따라 조금씩 다르다)

1 주년 : 지혼식(紙婚式-Paper Wedding)
2 주년 : 고혼식(藁婚式-Staw Wedding)
3 주년 : 과혼식(菓婚式-Candy Wedding)
4 주년 : 혁혼식(革婚式-Leater Wedding)
5 주년 : 목혼식(木婚式-Wooden Wedding)
7 주년 : 화혼식(花婚式-Flower Wedding)
10주년 : 석혼식(錫婚式-Tin Wedding)
12주년 : 마혼식(麻婚式-Ninen Wedding)
15주년 : 수정혼식(水晶婚式-Crystal Wedding)
20주년 : 도기혼식(陶器婚式-China Wedding)
25주년 : 은혼식(銀婚式-Silver Wedding)
30주년 : 진주혼식(眞珠婚式-Pearl Wedding)

35주년 : 산호혼식(珊瑚婚式-Coral Wedding)
40주년 : 록옥혼식(綠玉婚式-Emerald Wedding)
45주년 : 홍옥혼식(紅玉婚式-Ruby Wedding)
50주년 : 금혼식(金婚式-Golden Wedding)
70주년 : 금강혼식(金剛婚式-Diamond Wedding)

2. 결혼 기념일에 드릴 꽃

봄

튤립   - 고백, 애정, 매혹.
철쭉꽃   - 사랑의 기쁨.
은방울꽃 - 사랑과 행복.
아네모네 - 믿음, 사랑.
목련   - 깨끗한 사랑.

여름

백합   - 순결
글라디올러스-승리, 강함.
노란 장미 - 질투, 모함.
붉은 장미 - 뜨거움, 정렬, 사랑.
분홍 장미 - 아름다움.
(장미꽃이라고 다 사랑을 표하는 것 아니다.)

가을

샐비어꽃 – 정렬, 불타는 사랑.
붉은 국화 – 고상함.
노란 국화 – 실망, 후회.
흰 국화 – 지조, 정조, 성실

겨울

지금은 겨울에도 꽃집에 꽃이 많다.
카네이션 : 흰 색-정절 / 붉은 색- 연모, 사모
겨울에 피는 난들은 다 좋을 것이다.
　(꽃은 받는 사람이 좋아하는 꽃. 꽃말의 의미가 맞게 선물해야 한다.)

3. 결혼 기념 예배순

개식사 ············두 사람이 손잡고 예배드리게 한다 ········**주례자**
지금부터 ○○○님과 ○○○님의 결혼 ○주년 기념 축하 예배
를 하나님께 드립시다.

기도 ··· **맡은이**

은혜가 풍성하신 하나님, 여기 두 분의 결혼 ○주년 기념 예배를 드리게 됨을 진심으로 감사 드립니다. 그 동안 험난한 인생 여로를 믿음으로 승리케 하시고, 자녀들을 잘 양육하며, 사명을 잘 감당하여 아버지께 영광 돌리게 하심을 감사 드립니다. 이 두 분을 축복하셔서 남은 여생도 더욱 건강하게 하시며, 기쁨으로 서로 사랑하며, 복되고 아름답게 살도록 도와 주시옵소서. 주 예수의 이름으로 기도 드립니다. 아멘.

성경 봉독·················예레미야 2장 2절················ **주례자**

[2]가서 예루살렘 거민의 귀에 외쳐 말할지니라 여호와께서 이같이 말씀하시기를 네 소년 때의 우의와 네 결혼 때의 사랑 곧 씨 뿌리지 못하는 땅, 광야에서 어떻게 나를 좇았음을 내가 너를 위하여 기억하노라

설교 ·······················사랑의 기억····················· **주례자**

축가 ··· **맡은이**

축하 순서 ················· 선물 또는 꽃다발 전달 ············**맡은이**

회고의 말씀 ······결혼 기념일을 맞은 소감을 말한다······ **두분 중**

축도 ··· **주례자**

4. 결혼기념일과 잔치

금혼식, 은혼식은 부부 둘만이 축하하지 않고, 잔치도 하고 자녀 친지 친구의 축하도 받는다. 기념 예배, 여행, 기념 사업도 한다. 우리나라에서는 60회 결혼 기념일을 회혼(回婚)이라 하여, 자녀들이 큰 잔치를 베풀고, 회혼을 맞는 노부부가 친지 앞에 다시 결혼예식을 거행하며 기뻐하고 축하를 하였다.

(기념품은 은혼식에 은제품, 금혼식에는 금제품으로 한다.)

4. 결혼 기념 예배 설교

사랑의 기억
렘 2 : 1-2

본문은 하나님의 이스라엘을 향한 애정 고백입니다.

사랑을 기억하는 날입니다

오늘 결혼기념 ○주년 그 간에 사랑으로 꽃피우신 줄 믿고 경축합니다. 결혼생활에 있어 제일 중요한 것은 사랑입니다. 부부 사이에 중요한 것은 재산도 학벌도 지식도 성공도 아니고 사랑입니다. 두 분은 그 동안 서로가 사랑하여 오신 일들을 기억하면서 더 깊은 사랑을 이루시기 바랍니다.

수고를 기억하는 날입니다

결혼생활에는 이기주의나 개인주의가 용납 안 됩니다. 서로를 위하고 합심하며 노력하여야 좋은 가정이 됩니다. 두 분이 함께 희생하고 협력하여 오늘의 이 아름다운 가정을 이루었으니 감회가 깊으리라 생각됩니다. 오늘은 그 수고를 알아주는 날입니다. 마음껏 치하하고 위로하여 주시기 바랍니다.

신뢰를 다시 다지는 날입니다

결혼은 서로 믿어 주는 신뢰에서 이루어집니다. 의심은 의심을 낳고 믿음은 믿음을 낳습니다. 두 분은 신뢰의 흰 베일로 서로 감싸며, 믿음의 황금 줄로 서로 묶어 오늘을 이루었습니다. 오늘 결혼 기념일을 맞아 서로 믿어 온 자취를 되돌아보면서 앞으로도 더 든든한 사랑의 믿음에서 더욱 행복하시기를 바랍니다.

제2편 상례(喪禮)

임종식 / 입관식 / 발인식 / 하관식

저녁놀을 바라보며

저녁놀이 핏빛으로 불타면
그대도 하늘을 바라보게 되리
하늘을 쳐다보면서
태양이 죽어 어둠에 묻히는 것을 서러워하리.

수많은 별의 출생을 위하여
환하게 웃으며 죽는 태양
죽음을 사랑한 그리스도에게서처럼
하늘에 무수한 아들을 낳고 있지 않는가.

죽음은 갑자기 만나는 임이기에
순간에 기쁨으로 안겨야 행복하리
그 황금 배를 타고
한시限時에서 영원으로
인성人性에서 신성으로
은빛바다 건너면 참 평안을 얻게 되리.

자유로운 새 몸이 되기 위하여
온전히 임처럼 되기 위하여
다만 하나의 허물 벗기이기에
잠시 번데기처럼
주님 품안에서 잠들어야 하리.

Ⅰ. 임종식

1. 죽음을 준비하게 하라

죽음을 앞두고 신앙이 흔들리면 큰 일이다. 바른 사관(死觀) 즉 부활 신앙과 내세관을 확고히 가지고 죽음을 긍정적으로 받아들이며, 마지막 순간을 회개와 기도로 하나님 품에 편안히 안기도록 도와야 한다.

미세례인이면 의식이 있을 때 세례를 받도록 한다. 죽음은 결코 인간의 마지막도 슬픔만도 아니다. 성경 말씀을 들으며 가게 하라 그러면 큰 위로를 얻으리라.

성경은 죽음을 잠으로 표현하였다(살전 4:13). 피곤할 때 잠보다 더 달콤한 것이 없다. 자고 나면 피로가 사라진다. 죽는 순간에 영혼은 낙원으로 들어가겠지만 육신은 별수 없이 땅 속에서 깊은 잠을 자야 하리라. 기쁨으로 깨어날 부활을 기다리면서……

성경은 죽음을 이사로 표현하였다(고후 5:1-3). 낡은 집에 사는 사람의 소원은 이사다. 새 집을 사서 이사가는 날은 평생 잊지 못한다. 죽을 수밖에 없다면 기쁨으로 죽게 하라. 그래야 새 집에 이사갈 수 있으리라. 신의 찬란한 집으로……

죽음을 새 생명 출생으로 표현하였다(눅 16:). 병든 나사로가 죽어서야 건강하고 자유로울 수 있지 않았던가! 죽음은 고통스럽고 부자유스러운 몸을 벗고 그리스도와 같은 영광스러운 몸으로 다시 살게 되는 것이다.

죽음을 안식으로 표현되었다(계 21: 1-4). 병도, 슬픔도, 고통도, 죽음도 없는 그곳에 가는 것이다. 두려워 말고 용감히 가라! 하늘 영광을 누리기 위한 소천이 죽음이다.

2. 유언

(1) 유서

유서는 직접 본인이 써야 하고, 유서 밑에 연월일, 주소, 성명을 직접 쓰고 도장을 찍어야 효력이 있다.

(2) 유언

유언 녹음은 유언자의 직접 유언 내용에 날짜를 말하고 증인의 증언과 성명을 녹음해야 효력이 있다.

(3) 공증증서

증인 2인 중에 공증인(변호사) 앞에서 유언 내용을 말하면, 공증인이 받아쓰고 낭독하여 유언자와 증인이 각자 서명 날인한다.

(4) 비밀증서

유언자가 유언서를 작성하여 봉투에 넣어 봉인을 찍은 뒤, 두 명 이상의 증인에게 제출, 봉투 겉면에 유언자와 증인이 서명 날인하고, 증인에게 제출한 날짜를 쓴 뒤 5일 이내에 공증인이나 법원에 제출 확정 일자 인을 받으면 된다.

(5) 구수증서

유언자가 두 명 이상의 증인 앞에 유언하면 그 중 한 사람이 받아쓰고 낭독하여 서명 날인한다. 7일 이내에 법원에 검증 신청을 받아야 한다. 미성년자나 배우자 직계 가족이나 유산을 받을 사람은 증인이 될 수 없다.

3. 죽음을 지켜 보라

운명을 지켜보는 것을 임종 또는 종신 한다고 한다. 임종하는 것은 효 중에 효다. 눈동자가 흐려지고 눈자위가 꺼지며 손톱 발톱이 새까매지면 운명이 가까운 전조다. 안방으로 모시고 목회자의 지도를 받는다. 유족은 애도하되 맨발이나 머리를 푸는 일이나 대성통곡하는 일은 하지 말아야 한다.

4. 찬송 성경을 들으며 가게 하라

성경과 찬송을 들려주는 것은 믿음과 위로를 위해서다.

(사 53:4-9) 4그는 실로 우리의 질고를 지고 우리의 슬픔을 당하였거늘 우리는 생각하기를 그는 징벌을 받아서 하나님에게 맞으며 고난을 당한다 하였노라 5그가 찔림은 우리의 허물을 인

함이요 그가 상함은 우리의 죄악을 인함이라 그가 징계를 받음
으로 우리가 평화를 누리고 그가 채찍에 맞음으로 우리가 나음
을 입었도다 ⁶우리는 다 양 같아서 그릇 행하며 각기 제 길로 갔
거늘 여호와께서는 우리 무리의 죄악을 그에게 담당시키셨도다
⁷그가 곤욕을 당하여 괴로울 때에도 그 입을 열지 아니하였음이
여 마치 도수장으로 끌려가는 어린양과 털 깎는 자 앞에 잠잠한
양 같이 그 입을 열지 아니하였도다 ⁸그가 곤욕과 심문을 당하고
끌려갔으니 그 세대중에 누가 생각하기를 그가 산 자의 땅에서
끊어짐은 마땅히 형벌 받을 내 백성의 허물을 인함이라 하였으
리요 ⁹그는 강포를 행치 아니하였고 그 입에 궤사가 없었으나 그
무덤이 악인과 함께 되었으며 그 묘실이 부자와 함께 되었도다

(단 12:1-3) ⁴그 때에 네 민족을 호위하는 대군 미가엘이 일
어날 것이요 또 환난이 있으리니 이는 개국 이래로 그때까지 없
던 환난일 것이며 그 때에 네 백성 중 무릇 책에 기록된 모든 자
가 구원을 얻을 것이라 ²땅의 티끌 가운데서 자는 자 중에 많이
깨어 영생을 얻는 자도 있겠고 수욕을 받아서 무궁히 부끄러움
을 입을 자도 있을 것이며 ³지혜 있는 자는 궁창의 빛과 같이 빛
날 것이요 많은 사람을 옳은 데로 돌아오게 한 자는 별과 같이
영원토록 비취리라

(시편 23편 1-6절)¹여호와는 나의 목자시니 내가 부족함이
없으리로다. ²그가 나를 푸른 초장에 누이시며, 쉴 만한 물 가으
로 인도하시는도다. ³내 영혼을 소생시키시고, 자기 이름을 위하
여 의의 길로 인도하시는도다. 4내가 사망의 음침한 골짜기로

다닐지라도 해를 두려워하지 않을 것은 주께서 나와 함께 하심이라. 주의 지팡이와 막대기가 나를 안위하시나이다. ^{5}주께서 내원수의 목전에서 내게 상을 베푸시고 기름으로 내 머리에 바르셨으니 내 잔이 넘치나이다. ^{6}나의 평생에 선하심과 인자하심이 정녕 나를 따르리니, 내가 여호와의 집에 영원히 거하리로다.

(눅 23:42-43) ^{42} 예수여 당신의 나라에 임하실 때에 나를 생각하소서 하니 ^{43}예수께서 이르시되 내가 진실로 네게 이르노니 오늘 네가 나와 함께 낙원에 있으리라 하시니라

(요한복음 3장 16-21절) ^{16}하나님이 세상을 이처럼 사랑하사 독생자를 주셨으니 이는 저를 믿는 자마다 멸망치 않고 영생을 얻게 하려 하심이니라. ^{17}하나님이 그 아들을 세상에 보내신 것은 세상을 심판하려 하심이 아니요 저로 말미암아 세상이 구원을 받게 하려 하심이라. ^{18}저를 믿는 자는 심판을 받지 아니하는 것이요 믿지 아니하는 자는 하나님의 독생자의 이름을 믿지 아니하므로 벌써 심판을 받은 것이니라. ^{19}그 정죄는 이것이니 곧 빛이 세상에 왔으되 사람들이 자기 행위가 악하므로 빛보다 어두움을 더 사랑한 것이니라.

(요한복음 14장 1-6절) ^{1}너희는 마음에 근심하지 말라 하나님을 믿으니 또 나를 믿으라. ^{2}내 아버지 집에 거할 곳이 많도다 그렇지 않으면 너희에게 일렀으리라. 내가 너희를 위하여 처소를 예비하러 가노니 ^{3}가서 너희를 위하여 처소를 예비하면 내가

다시 와서 너희를 내게로 영접하여 나 있는 곳에 너희도 있게 하리라. [4]내가 가는 곳에 그 길을 너희가 알리라. 내가 곧 길이요 진리요 생명이니 나로 말미암지 않고는 아버지께로 올 자가 없느니라.

(고린도후서 5장1-5절) [1]만일 땅에 있는 우리의 장막 집이 무너지면, 하나님께서 지으신 집 곧 손으로 지은 것이 아니요 하늘에 있는 영원한 집이 우리에게 있는 줄 아나니, [2]과연 우리가 여기 있어 탄식하며 하늘로부터 오는 처소로 덧입기를 간절히 사모하노니, [3]이렇게 입음은 벗은 자들로 발견되지 않으려 함이라. [4]이 장막에 있는 우리가 짐진 것 같이 탄식하는 것은 벗고자 함이 아니요 오직 덧입고자 함이니, 죽을 것이 생명에게 삼킨바 되게 하려 함이라. [5]곧 이것을 우리에게 이루게 하시고 보증으로 성령을 우리에게 주신 이는 하나님이시니라.

(로마서 8장 31-35절) [31]그런즉 이 일에 대하여 우리가 무슨 말하리요, 만일 하나님이 우리를 위하시면 누가 우리를 대적하리요. [32]자기 아들을 아끼지 아니하시고 우리 모든 사람을 위하여 내어 주신 이가 어찌 그 아들과 함께 모든 것을 우리에게 은사로 주지 아니하시겠느뇨. [33]누가 능히 하나님의 택하신 자들을 송사하리요. 의롭다 하신 이는 하나님이시니 [34]누가 정죄하리요. 죽으실 뿐 아니라 다시 살아나신 이는 그리스도 예수시니 그는 하나님 우편에 계신 자요 우리를 위하여 간구하시는 자시니라. [35]누가 우리를 그리스도의 사랑에서 끊으리요. 환난이나 곤

고나 핍박이나 기근이나 적신이나 위험이나 칼이랴.

(고린도전서 15장 51-56절) [51]보라 내가 너희에게 비밀을 말하노니 우리가 다 잠잘 것이 아니요 마지막 나팔에 순식간에 홀연히 다 변화하리니, [52]나팔 소리가 나매 죽은 자들이 썩지 아니할 것으로 다시 살고 우리도 변화하리라. [53]이 썩을 것이 불가불 썩지 아니할 것을 입겠고, 이 죽을 것이 죽지 아니함을 입으리로다. [54]이 썩을 것이 썩지 아니함을 입고 이 죽을 것이 죽지 아니함을 입을 때에는 사망이 이김의 삼킨 바 되리라고 기록된 말씀이 응하리라. [55]사망아 너의 이기는 것이 어디 있느냐, 사망아 너의 쏘는 것이 어디 있느냐, [56]사망의 쏘는 것은 죄요 죄의 권능은 율법이라.

(빌 3:20 21) [20]오직 우리의 시민권은 하늘에 있는지라 거기로서 구원하는 자 곧 주 예수 그리스도를 기다리노니 [21]그가 만물을 자기에게 복종케 하실 수 있는 자의 역사로 우리의 낮은 몸을 자기 영광의 몸의 형체와 같이 변케 하시리라

(요한계시록 21:1-4) [1]또 내가 새 하늘과 새 땅을 보니 처음 하늘과 처음 땅이 없어졌고 바다도 다시 있지 않더라 [2]또 내가 보매 거룩한 성 새 예루살렘이 하나님께로부터 하늘에서 내려오니 그 예비한 것이 신부가 남편을 위하여 단장한 것 같더라 [3]내가 들으니 보좌에서 큰 음성이 나서 가로되 보라 하나님의 장막이 사람들과 함께 있으매 하나님이 저희와 함께 거하시리니 저

희는 하나님의 백성이 되고 하나님은 친히 저희와 함께 계셔서
[4]모든 눈물을 그 눈에서 씻기시매 다시 사망이 없고 애통하는 것
이나 곡하는 것이나 아픈 것이 다시 있지 아니하리니 처음 것들
이 다 지나갔음이러라

(요한계시록 22장1-5절) [1]또 저가 수정같이 맑은 생명수의
강을 내게 보이니, 하나님과 및 어린양의 보좌로부터 나서 [2]길
가운데로 흐르더라. 강 좌우에 생명 나무가 있어 열 두 가지 실
과를 맺히되 달마다 그 실과를 맺히고, 그 나무 잎사귀들은 만국
을 소성하기 위하여 있더라. [3]다시 저주가 없으며, 하나님과 그
어린양의 보좌가 그 가운데 있으리니, 그의 종들이 그를 섬기며
[4]그의 얼굴을 볼 터이요, 그의 이름도 저희 이마에 있으리라 [5]다
시 밤이 없겠고, 등불과 햇빛이 쓸데없으니 이는 주 하나님이 저
희에게 비춰심이라.

* 소망의 찬송

186, 230, 231, 290, 338, 364, 421, 431, 440, 455,
458, 474, 487, 492, 534, 541, 456.

임종 예배순

개식사 ·· **주례자**

우리는 고인이 된 ○○○씨의 임종예배를 드리려 합니다. 하나님 앞에서 삶과 죽음을 보며 예배를 드리겠습니다.

신앙고백 ·· **다함께**

290 괴로운 인생길 가는 몸이
(딤후 4:7-8)
토머스 테일러 작사
웨일즈 찬송 가락

보통으로 ♩=90

1.괴로운 인 생길 가 는 몸 이
2.광야에 찬 바람 불 더 라 도
3.날구원 하 신주 모 시 옵 고

평안히 쉬 일곳 아 주 없 네
앞으로 남 은길 멀 지 않 네
영원한 영 광을 누 리 리 라

걱정과 고 생이 어 디 는 없 으 리
산너머 눈 보라 재 우 쳐 불 어 도
그리던 성 도들 한 자 리 만 나 리

돌아갈 내 고향 하 늘 나 라
돌아갈 내 고향 하 늘 나 라
돌아갈 내 고향 하 늘 나 라 아 멘

성경 봉독················요한복음 14장 1-6절 ··············**주례자**

[1]너희는 마음에 근심하지 말라 하나님을 믿으니 또 나를 믿으라 [2]내 아버지 집에 거할 곳이 많도다 그렇지 않으면 너희에게 일렀으리라 내가 너희를 위하여 처소를 예비하러 가노니 [3]가서 너희를 위하여 처소를 예비하면 내가 다시 와서 너희를 내게로 영접하여 나 있는 곳에 너희도 있게 하리라 [4]내가 가는 곳에 그 길을 너희가 알리라 [5]도마가 가로되 주여 어디로 가시는지 우리가 알지 못하거늘 그 길을 어찌 알겠삽나이까 [6]예수께서 가라사대 내가 곧 길이요 진리요 생명이니 나로 말미암지 않고는 아버지께로 올 자가 없느니라.

설교··················길이신 그리스도 ······················ **주례자**

영혼을 부탁하는 기도 ······························· **주례자**

생사를 주장하시는 하나님, 지금 아버지의 부르심을 받은 ○○○형제(자매)를 불쌍히 여기사 주의 보혈로 죄를 깨끗케 씻어 주시옵소서. 죽음 앞에 선 지금 부활신앙과 내세 신앙에 확고히 서서 죽음을 긍정적으로 받아들이게 도와 주시옵소서. 낙원을 향하여 눈을 뜨고, 광명한 주님의 얼굴을 보고 희망을 가지게 하소서. 천사들의 손에 붙들려 기쁨으로 아버지 나라에 가게 하소서. 주님 넓으신 품에 품어 주시옵소서. 세상 고통과 슬픔을 다 잊어버리고 평안히 안식하도록 도와 주시옵소서.

축도 ······························· **주례자**

지금은 우리를 위해 죽으시고 다시 사신 예수 그리스도의 은혜와 우리의 영혼을 품어 주시는 하나님 아버지의 사랑과 성령의 위로하심과 인도하심이 우리의 형제(자매)○○○성도와 함께 하시기를 축원합니다. 아멘.

4. 임종 예배 설교

하나님께로 가는 길

요 14 : 1-6

주님께서 세상을 잠시 떠나야 되겠다는 말씀을 하셨을 때 제자들이 근심을 하니 주님은 믿음을 권하시면서 하나님 아버지의 집에 거할 곳이 많다고 하셨습니다. 바로 그곳에서 성도들에게 위로와 안식이 주어진다고 말씀하셨습니다. 이 하늘 처소로 가는 길은 어디에 있습니까?

1. 예수님께서 내가 곧 길이라고 하셨습니다.

주님은 십자가에 못 박혀 돌아가시고 부활하심으로 모든 믿는 이를 구속하시사 하늘 처소로 나아갈 길이 되신 것입니다. 예수 그리스도는 구속사적 의미로서 길이요, 진리요, 생명이 되신 것입니다. 고인은 이 신앙을 가지셨기에 분명히 하나님의 집으로 가신 줄 믿습니다. 여러분들은 이 말씀에서 위로를 받아 큰 힘과 용기를 얻으시기 바랍니다.

2. 육의 몸에서 자유를 주는 것입니다.

죽음이라는 수단으로 타락한 인생 허울을 벗기고 변화시키는 것입니다. 병들었던 사람이 건강한 몸으로, 늙었던 몸이 젊은 몸으로, 약한 몸이 강한 몸으로, 욕된 몸이 영화로운 몸으로, 태어난다는 것입니다. 사람들이 천사와 같이 되고 부활하신 주님과 같이 되게 한다고 하셨습니다. 슬픔을 당한 유족에게 이 말씀이 위로와 증거와 희망이 되기를 바랍니다.

6. 수시

* 베개를 고여 머리를 바로 잡고 눈을 쓸어내려 감겨준다.
* 백지에 탈지면을 싼 턱받침으로 턱을 고이고 머리를 손질한다.
* 귀, 코, 입을 솜으로 막아 바람이 들어가지 않게 한다.
* 시신이 잘못 굳지 않도록 팔 다리를 주물러 곧게 펴준다.
* 무릎과 두 발과 두 손을 모아 백지 끈으로 당겨 맨다.
* 판자 위에 백지를 깔고 그 위에 시신을 안치한다.
* 시수(屍水) 우려가 있으면 비닐을 깔고 안치한다.
* 홑이불이나 흰 천으로 시신을 덮고 병풍을 친다.
* 여름이면 얼음으로 시신을 보존하고 소독한다.

7. 발상 후 할 일

(1) 발상

* 초상이 난 것을 외부에 알리는 것을 발상이라고 한다.
* 수시가 끝나면 상제는 검소한 옷으로 갈아입고 애도한다.
* 상중 등을 걸고, 상중(喪中)이나 기중(忌中) 쪽지를 대문 밖에 붙인다.

* 문상객을 위해 길목마다 상가 안내 화살표를 붙인다.
* 밤에는 상가에 조등을 밝히고 안내자가 늘 있어야 한다.
* 부고를 보낸다(부록 서식란 참조)

(2) 상제의 옷

입관 전 상제는 흰 두루마기를 입되 부상(父喪)이면 왼쪽 소매, 모상(母喪)이면 오른쪽 소매에 팔을 끼지 않고, 소매를 뒤로 넘긴다. 그리고 앞섶을 여미지 않고 안 옷 고름으로 조금 매기만 하고 입관까지 지낸다.

(3) 주례 의뢰

담임 목사에게 주례를 부탁하면 첫성묘까지 진행하여 준다.

(4) 주상 호상 선택

죽은 이의 자녀 자부를 상제라 하고 맏아들이 상주가 되지만 아들이 없을 때 맏손자가 상주가 되고 아내가 죽었을 때는 남편이 주상이 된다.

상사에 밝은 이를 선정, 상사 일체를 총괄하게 한다.

호상을 잘 선택해야 장례가 원만히 진행된다. 큰 장례면 내집사와 외집사를 둘 수 있다. 내집사는 방명록, 부의록, 접대 관리, 금전 출납을 하고. 외집사는 물품 조달을 한다.

(5) 매장 허가

병원에서 사망 진단서를 준비하여 공원묘지에 매장할 경우 묘지 사용 승낙서와 고인의 주민등록증을 가지고 주소지 읍 면 동 장에게 사망 신고와 매장 신고를 하면 신고증이 발부된다. 가정에서 노환으로 사망한 경우는 사망 진단서 대신 이장(里長)의 사망증명서를 첨부하면 된다.

(6) 위로 예배

새벽과 저녁에 위로 예배를 드린다. 인내로 그리스도인의 사랑을 보여 주어야 한다.

구역별로 분배하여 순차로 가는 것이 좋다. 많은 성도들이 손님 접대와 음식 하는 일을 도와야 한다.

초상집을 돕는 것도 선교다. 슬픈 일을 당하여서는 누구나 마음이 약하여진다. 그럴 때 위로하여 주는 것은 성도의 마땅한 도리다. 많은 사람들이 장례식 후에 교회에 나오는 이유도 여기에 있다고 본다.

* 믿는 이는 죽은 후의 복을 명복이라고 하지 않고 하늘 영광 이라고 한다.

II. 입관식

1. 시신 목욕(습) 요령

시신을 씻기는 것을 습이라 한다. 먼저 시신을 씻기 위한 준비로 창호지 2연, 알코올, 탈지면, 빗, 가위, 향수, 대야, 위생 장갑 등이 필요하다. 대막대기, 관 받침, 벽돌 3개, 화장지 1통, 오물 상자를 준비하고 다음과 같이 진행한다.

시신은 말이 없다. 두려워할 것이 없다. 상제들이 마지막 부모에게 효를 하는 것이니 되도록 돕도록 설득을 시켜야 한다. 시신이라고 함부로 하지 않도록 조심하여야 한다. 시신의 피부에 손상이 가지 않도록 조심하여야 한다. 여 상제들이 울지 않도록 위로하고 시작한다.

* 기도를 하고 시작하여야 한다.
* 시신의 좌우에 도울 자녀나 사람 두세 명이 앉는다.
* 수시한 홑이불을 벗기고 손발을 묶었던 백지를 제거한다.
* 고인이 남성이면 남 상주가, 여성이면 여 상주가 앞 가리개 (군포)를 가리고 상의를 벗기고 하의를 벗긴다.
* 향탄수는 장의 센터에 완제품이 있다. 구하지 못했으면 알코

올이나 혹은 정결한 물을 준비하여 수건 세 개(얼굴용, 상체용,
하체용)로 시신을 조금씩 몸을 젖히며 닦아낸 후에 마른 수건
으로 훔친다.

* 홑이불로 시신을 가리고 기저귀 채우고 팬티를 입힌다.
* 머리를 빗기고 손톱 발톱을 깨끗이 잘라 조발낭에 넣었다가
  입관할 때 관 안에 넣는다.
* 여자의 경우 약간의 화장을 한다.
* 헌옷과 쓰레기는 상자에 담아 두었다가 장례 후에 태운다.

2. 수의 입히는(소렴) 요령

수의 입히는 것을 소렴이라 하며, 시신을 대염포로 싸고 묶어
입관하는 것을 대렴이라고 하고, 그 전체를 염한다고 한다. 전염
병인 경우를 제외하고는 사후 24시간이 경과한 후에 시신을 처
리한다. 입관은 오전이 좋다.

(1) 수의

폭건 - 머리를 싸서 덮는 모자 / 두건-머리에 씌우는 수건
망건 - 머리카락을 싸는 검은 비단 / 충이-귀 막는 솜
악수 - 손을 싸매는 것 / 천금-이불 / 지금-요, 베개
남자 수의 - 속바지, 바지, 저고리, 허리띠, 두루마기, 도포, 버선,
　　　　　대님, 행전
여자 수의 - 단속옷, 바지, 치마, 속적삼, 저고리, 두루마기, 원삼,
　　　　　띠, 버선 / 염포-시신을 싸는 것
기타 - 관, 관포, 명정, 삼베 1필, 가제베 1필, 망치.

(2) 수의 입힘

* 소렴상(혹은 백지 위)에 염포를 펴고, 지금(요)을 펴고
* 여섯 사람이 시신을 소렴상에 옮겨 모신다.
* 하의 전체를 끼어서 시신 하체를 약간 들고 밑에서 위로 입힌다.
* 버선을 신기고 대님을 맨다.
* 상의를 속옷과 겉옷을 끼어서, 두 사람이 양쪽 소매 끝에서 안으로 손을 끼워 쥐고, 시신 양쪽에 서서 하체 밑으로 올리다가 수의가 시신 허리 부분까지 올렸으면, 그 양쪽 옷소매 속으로 넣은 손으로 고인의 손을 잡아 약간 잡아당기면 소매에 손이 끼여지고, 다른 한 사람이 고인의 상체를 약간 들어올리고, 다른 한 사람이 상의 전체를 잡아 어깨까지 당기면 상의가 입혀진다.

* 옷깃은 시신 왼쪽에서 오른쪽으로 여미고,
* 고름은 감기만 하고 매듭짓지 않는다.
* 원삼 두루마기(도포)도 상의를 입히듯 입히면 된다.
* 턱받침을 바치고, 손은 악수로 묶고,
* 충이로 귀 막고 명목으로 눈 가려 끈을 뒤로 돌려 맨다.
* 머리를 두건, 복건, 망건으로 싸서 덮는다.
* 염포 양쪽 끝을 조금씩 위에서 아래로 찢어 머리 쪽에서 발쪽으로 잡아당겨 매고, 속포를 일곱 가닥으로 끊어서 그 한 가닥을 세 갈래로 째서 발 쪽에서 차례로 묶는다.

* 성도는 염포를 몇 갈래로 찢던 상관이 없지만 적당하기는 다
  섯 갈래를, 다시 세 갈래로 찢어 사용하면 편하다.
* 염포로 싼 후 2m정도의 베띠로 시신을 3번 둘러 감기만 하
  고 매듭을 짓지 않고 두면 하관식 때 유용히 쓴다.

3. 입관(대렴) 요령

* 벽돌 3개를 관 길이 만큼 간격을 떼어놓고,
* 그 위에 관을 놓고, 관 안에 백지를 깔고,
* 그 위에 시신을 모시고,
* 시신 위에 천금(이불)을 덮고,
* 백지로 덮고,
* 향수를 골고루 뿌린다.
* 관 빈 곳을 화장지로 채우고,
* 관의 뚜껑을 덮고 못을 친다.
* 봉띠로 결관한다(폐수가 염려되면 비닐로 관을 씌움)
* 봉띠 묶는 요령 – 관 아래 쪽에서 봉띠 시작점을 한 사람이
  붙들고 있고, 그 줄을 관 옆면으로 위쪽에서 한 줄 올려서
  맞은편 관 옆면으로 돌리되, 끈을 내리면서 세 줄로 관을 둘
  러 묶는데 끈과 끈이 마주치는 연결점을 매듭으로 묶는다.
  매듭마다 베줄을 메 두었다가 운구에 편하도록 한다.
* 관 위에 십자가 관포를 씌운다.
* 영구 앞에 병풍을 치고,
* 빈소 병풍에 명정을 건다.

* 명정은 붉은 천에 금빛 글씨로(혹은 먹으로) 쓴다.

◎ 명정 쓰는 법

남　자 :	聖徒 ○○○ 執事의 柩(성도 정○○집사의 구)
여　자 :	聖徒 ○○○ 勸士의 柩(성도 이○○권사의 구)
평신도 :	聖徒 ○○○公의 柩(성도 ○○○공의 구)
평신도 :	聖徒 ○○○氏의 柩(성도 ○○○씨의 구)

* 주머니칼을 지니고 가야 하관시 끈을 풀기가 쉽다.
* 상제들은 세수하고 상복을 입고 입관 예배를 드린다.

4. 빈소와 조상

믿는 사람은 빈소를 따로 차리지 않는다. 시신이 안치된 방 앞에나 지정한 곳에 병풍을 치고, 명정을 걸고, 상을 차리고, 검은 리본을 건 고인의 사진을 세워 놓는다. 그 앞에 고인이 보시던 성경을 펴놓고, 조문객이 헌화하도록 흰 국화꽃을 준비하여 놓는다. 방명록, 봉투, 전화 등을 비치한다.

조상(弔喪)은 성복 전에는 상주에게만 인사하고 성복 후에는 불신자인 경우 상주는 "애고 애고" 조객은 "어이 어이"로 서러워하지만 믿는 이는 그럴 필요가 없다. 영정이 있는 곳을 향해 묵상하고 헌화한 후 상주와 맞절하며 인사한다.

"상사 말씀 무어라 드릴 수 없습니다. 하나님의 위로가 임하시기를 바랍니다" "조부님이 돌아가셔서 얼마나 상심되십니까? 주

님 위로가 함께 하시기를 바랍니다" 상제는 "오셔서 위로하여 주
시니 무어라 감사할지 모르겠습니다"라고 답한다. 단체로 갔으
면 대표자가 조상하면 된다. 문상시 검정이나 흰옷을 입는다.

5. 상복, 상장, 상기

상복 : 남자는 검정 양복에 검정 넥타이를 매고 검은 색 양말,
　　　검은 구두, 굴건 두건을 쓰거나 삼베 상장이나 완장을
　　　소매에 찬다. 여자는 흰 한복에 머리에 상장 리본을 꽂
　　　는다

상장 : 상주용	직계 가족용	친족용

* 삼베 너비 15cm, 검은 선 2cm, 길이 45cm로 핀으로 적당히
찬다. 남녀 상장은 농협이나 장의 센터에서 판다.
상기(喪期) : 부모, 조부모, 배우자는 100일, 기타는 장일
　　　　　　까지로 한다고 가정의례 11조 1항에 정해져
　　　　　　있다.
* 부조 봉투 양식 - 예식 서식에 있음

6. 입관 예배순

개식사 ·· **주례자**

고 ○○○성도의 입관 예배를 드리겠습니다. 이 엄숙한 시간
에 경건한 마음으로 하나님께 예배드립시다.

기도 ··· **주례자**

아버지 하나님, 우리 곁을 떠난 고 ○○○성도님의 시신을 입관하면서, 그 영혼이 천국에 가게 된 것을 생각하며 슬픔 중에도 감사를 드립니다. 성령이시여, 이곳에 임하사 유족들을 위로하여 주옵소서. 하늘 소망을 가지고 하나님의 크신 뜻을 따르게 하소서. 고인의 모든 것을 하나님 아버지 품에 고이 품어 주옵소서. 예수님의 이름으로 기도합니다. 아멘!

성경봉독··············· 창세기 50장 25-26절 ···············**주례자**

²⁵요셉이 또 이스라엘 자손에게 맹세시켜 이르기를 하나님이 정녕 너희를 권고하시리니 너희는 여기서 내 해골을 메고 올라가겠다 하라 하였더라 ²⁶요셉이 일백십 세에 죽으매 그들이 그의 몸에 향 재료를 넣고 애굽에서 입관하였더라.

설교·····················회망을 위한 입관························**다함께**

신앙고백 ··· **주례자**

전능하사 천지를 만드신 하나님 아버지를 내가 믿사오며, 그외아들 우리 주 예수 그리스도를 믿사오니, 이는 성령으로 잉태하사 동정녀 마리아에게 나시고, 본디오 빌라도에게 고난을 받으사, 십자가에 못 박혀 죽으시고, 장사한 지 사흘만에 죽은 자 가운데서 다시 살아나시며, 하늘에 오르사, 전능하신 하나님 우편에 앉아 계시다가, 저리로서 산 자와 죽은 자를 심판하려 오시리라. 성령을 믿사오며, 거룩한 공회와, 성도가 서로 교통하는 것과, 죄를 사하여 주시는 것과, 몸이 다시 사는 것과, 영원히 사는 것을 믿사옵나이다. 아멘

축도 ···**다함께**

입관 예배 설교

사후의 희망
창 50: 25-26

오늘 우리 형제(자매) ○○○성도님에게 평상시 입지 않던 옷을 입히고, 얼굴을 가리우는 입관 예배를 드리게 되었습니다. 유족과 함께 육정의 슬픔을 달랠 길이 없습니다. 그러나 우리는 믿음이 있습니다. 성경 말씀에서 위로를 받고 소망을 가지기 바랍니다. 요셉은 자기 자손에게 말하기를 하나님께서 정녕 약속의 땅 가나안 땅에 돌아가게 하시리니 자기의 해골을 메고 올라가겠다고 맹세하라고 하였습니다. 그리고 요셉이 일백 십 세에 죽으매 그들이 그의 몸에 향 재료를 넣고 애굽에서 입관하였더라고 하였습니다.

하나님의 신실성을 믿은 요셉

요셉은 애굽에서 죽어 애굽에서 입관되게 되었지만 요셉이 그 남은 자손에게 자기의 해골을 메고 가나안 땅으로 올라가겠다 맹세시킨 것은 하나님은 반드시 자기 민족을 출애굽하게 하실 것이요, 약속의 땅 가나안 땅에 반드시 이르게 하실 것이라고 믿었기 때문이었습니다. 그 민족은 과연 그 신앙대로 출애굽하였고, 요셉의 시신도 가나안 땅에 옮겨져서 약속의 땅 세겜에 묻히게 되었습니다(수24:32). 물론 그 영혼도 하늘 나라에 간 줄 믿습니다. 신앙보다 소중한 것이 없습니다. 믿음은 구원을 얻게 하고 바라는 모든 것을 이루게 합니다. 고인의 시신을 입관하였지만 고인은 믿음을 가지고 살았기에 분명 구원을 얻었고, 그 영혼은 고인이 바라던 그 낙원에 도달된 줄 믿습니다.

부활을 기대하는 희망 의식

불교에서는 화장을 하지만 기독교에서는 매장을 합니다. 그것은 부활을 향한 희망이 있기 때문입니다. 믿음이 우리에게 소망을 줍니다. 믿음이 없는 사람은 죽음으로 끝나지만, 믿는 사람은 죽음이 천국 문에 들어가는 발걸음이며, 그리스도와 같이 되기 위하여 부활할 투신(投身)임을 믿으시기 바랍니다. 죽음이라는 수단으로 타락한 몸에서 허울을 벗기고 굼벵이가 매미가 되듯 변화시키는 하나의 단계인 것입니다. 지금 우리가 가지고 있는 육체와는 전혀 다른 영체로 다시 살아나기 위한 과정입니다. 병들었던 사람이 건강한 몸으로, 늙었던 몸이 젊은 몸으로, 약한 몸이 강한 몸으로, 욕된 몸이 영화로운 몸으로 다시 살기 위한 과정입니다. 썩을 것이 썩지 않을 것을 입고 죽을 것이 죽지 않을 것을 입는 절차입니다.

완전한 자유, 완전한 지식, 완전한 행복이 있는 몸으로 변하는 것입니다. 그것은 죽음의 교통 수단을 통하여 이루어집니다. 잠자는 것같이 잠시 기다리면 그 세계가 열리게 되어 있습니다. 오늘 성경 말씀의 요셉과 같이 약속을 성취하시는 하나님의 신실성을 믿는 신앙을 가지고 우리도 그곳에 가서 기쁜 낯으로 고인을 만나 함께 영생 복락을 누립시다. 예수를 믿는 이는 죽어도 살고 영생합니다. 입관은 그 단계임을 믿고 위로를 받읍시다. 아멘

Ⅲ. 발인식

1. 발인식 요령

* 장례는 3일장을 원칙으로 한다.
* 장례일이 주일이 되지 않도록 조정하여야 한다.
* 장례 장소는 가정이나 장례식장으로 한다.
* 영구 모실 자리를 미리 준비한다.
* 장례식 순서는 맡을 분들을 정해서 미리 알린다.
* 약사 조사를 맡을 사람은 미리 준비시켜야 한다.
* 일체 미신 행위는 하지 않기로 약속시킨다.
* 헌화할 꽃을 준비하고 예배를 집례한다.
* 유족이 순서대로 앞에 서게 한다.
* 조문객은 뒤에 선다.
* 집례 순서를 맡은 사람은 앞자리에 서게 한다.
* 운구는 영구차, 영구 수레로 한다(가정의례).
* 영정(사진)을 책임질 사람은 사위나 손자가 좋다.
* 포크레인을 교섭하여 아침 일찍 일하게 한다.
* 산역 요원 수명을 미리 보내 일하게 한다.
* 운구 행렬
  사진, 집례자, 꽃다발, 영구, 상제, 친족, 문상객 순.

발인 예배순

준비 ·· **맡은이**

하객 전체가 모일 자리 정면에 자리를 준비하고, 가까운 상제 중에 여섯 사람이 운구하여 영구와, 영정을 모시고 엄숙히 발인 예배를 드린다.

개식사 ··· **주례자**

조객 여러분의 조례와 위문을 진심으로 감사 드립니다. 유족 여러분도 이제 눈물을 거두고, 고 ○○○성도의 몸이 마지막 이 집을 떠나시는 발인 예배를 드리겠습니다.

장례 예식은 네 가지 떠나는 예식이 있는데 임종식은 영혼이 그 몸을 떠나는 예식이요, 입관식은 그 얼굴이 사람을 떠나는 예 식이요, 발인식은 그 시신마저 집과 마을을 떠나는 예식이요, 하 관식은 그 육신마저 지상의 세계를 영 떠나는 예식입니다. 그러 나 믿음으로 천국에서 다시 만날 소망을 가지고 경건히 머리 숙 여 예배를 드립시다. 이제 사도신조로 신앙을 고백하겠습니다.

신앙고백 ··· **다함께**

전능하사 천지를 만드신 하나님 아버지를 내가 믿사오며, 그 외아들 우리 주 예수 그리스도를 믿사오니, 이는 성령으로 잉태 하사 동정녀 마리아에게 나시고, 본디오 빌라도에게 고난을 받 으사, 십자가에 못 박혀 죽으시고, 장사한 지 사흘만에 죽은 자 가운데서 다시 살아나시며, 하늘에 오르사, 전능하신 하나님 우 편에 앉아 계시다가, 저리로서 산 자와 죽은 자를 심판하러 오시 리라. 성령을 믿사오며, 거룩한 공회와, 성도가 서로 교통하는

것과, 죄를 사하여 주시는 것과, 몸이 다시 사는 것과, 영원히 사
는 것을 믿사옵나이다. 아멘.

날빛보다 더 밝은 천국 291

선포드 베네트 작사
조셉 쉽스터 작곡
(계 21:23)

보통으로 ♩=92

1. 날빛 보다더밝은천 국 믿는 맘가지고가겠 네
2. 찬란 한주의빛있으 니 거기 는어두움없도 다
3. 이세 상작별한성도 들 하늘 에올라가만날 때
4. 광명 한하늘에계신 주 우리 도모시고살겠 네

믿는 자위하여있을 곳 우리 주예비해두셨 네
우리 들거기서만날 때 기쁜 낯서로가대하 리
인간 의괴롬이끝나 고 이별 의눈물이없겠 네
성도 들즐거운노래 로 영광 을주앞에돌리 리

후렴

며칠 후 며칠 후 요단 강 건너가 만나 리

며칠 후 며칠 후 요단 강건너가만나 리 아 멘

기도 ··· **맡은이**

역사의 주인이신 하나님, 우리가 믿사옵기는 살아도 주님을 위하여 살고, 죽더라도 주님을 위하여 죽습니다. 그러므로 우리는 살아도 주님의 것이고 죽어도 주님의 것입니다. 그리스도께서 죽은 자의 주님도 되시고 산 자의 주님도 되시기 위해서 죽으셨다가 다시 살아나셨음을 우리가 믿으매 머리를 숙였습니다. 성령이시여, 이 자리에 임재하사 고 ○○○씨를 위한 이 순간이 영원과 이어지는 시간이 되게 하소서. 그리하여 여기 모인 우리에게 넘치는 위로와 희망과 힘을 주옵소서. 이러한 은혜가 유족에게는 갑절이나 더하게 하소서. 예수 그리스도의 이름으로 기도 드립니다. 아멘.

성경봉독 ············· 시편 116편 12-15절 ···············**주례자**

[12]여호와께서 내게 주신 모든 은혜를 무엇으로 보답할꼬 [13]내가 구원의 잔을 들고 여호와의 이름을 부르며 [14]여호와의 모든 백성 앞에서 나의 서원을 여호와께 갚으리로다 성도의 죽는 것을 여호와께서 귀중히 보시는도다

설교 ··· **주례자**

약력보고 및 고인 음성 청취·······················**맡은이**

조사 및 조가 ······································· **맡은이**

호상의 인사··· **호상**

찬송············· 고인이 즐겨 부르시던 찬송 ···············**다함께**

축도 ··· **주례자**

헌화··· **유족, 조객**

7. 발인 예배 설교

죽음을 귀히 보심
시 116: 15

하나님께서 성도의 죽음이 귀히 보신다고 하였습니다. 사람들은 사는 것을 귀중히 여기고 죽는 것은 슬프고 허무하게 보는데 하나님께서는 성도의 출생과 삶도 소중히 보시지만 죽음도 귀히 보신다고 하였습니다. 왜일까요?

성도의 죽음은 새 출생이니 귀히 보십니다

사람이 범죄하고 아직 죽지 않았을 때 하나님께서 말씀하시기를 "사람이 선악을 앎이 우리와 같으니 그가 또 손을 들어 생명나무 실과를 따먹고 영생할까 하노라" 하시고 인간을 에덴 동산에서 추방하사 죽게 하셨습니다. 타락한 인생이 근심과 고통 중에서 영생하는 것을 하나님께서 차마 보실 수 없어서 죽음을 주신 것입니다.

누가복음 16장의 나사로 이야기를 보면 나사로는 죽어 태아가 산모 품에 안기듯이 아브라함 품에 안기고 있습니다. 죽음을 통하여 고통스럽던 몸을 벗고, 부활하신 주와 같은 몸으로 다시 태어나게 된다는 것입니다.

그러기에 죽음은 다만 죗값의 형벌이 아니라, 하나님의 자비로우신 선물입니다. 병든 몸이 건강한 몸으로, 늙었던 몸이 젊은 몸으로, 약한 몸이 강한 몸으로, 욕된 몸이 영화로운 몸으로 다시 태어나 산다는 것입니다. 죽음은 또 다른 완전한 몸으로 태어나는 것이기에 하나님은 귀중히 보십니다.

성도의 죽음은 승리이기에 귀히 보십니다

사도 바울은 순교 지점에서 "내가 선한 싸움을 싸우고 나의 달려갈 길을 마치고 믿음을 지켰으니 이제 후로는 나를 위하여 의로 면류관이 예비되었다"고 하였습니다. 죽음을 개선 장군의 입성처럼 생각한 것입니다. 사람은 누구나 맡김 받은 사명을 힘써 일하다가 그 일이 끝나면 안식하라고 하늘 나라로 부르시는 것입니다. 그러므로 자기 사명을 다한 사람은 죽는 날이 승리의 날입니다. 천국에는 다시 눈물 흘리는 일이나 앓는 일이나 두려운 것이나 죽음이 없이 영원한 안식과 영광이 있을 뿐인 것입니다. 성도의 죽음은 잃음이 아니라 얻음이요 패배가 아니라 승리이기 때문에 하나님께서는 성도의 죽음을 귀히 보시는 것입니다.

주님을 맞는 일이니 귀중히 보십니다

죽음은 주님과 만나는 해후의 날입니다. 하나님께서 우리를 천국으로 데려가기 위한 하나의 교통 수단에 불과합니다. 아무리 잘 달리는 마라톤 선수라도 한국에서 미국을 가려면 비행기나 배를 타야 하는 교통 수단이 필요한 것입니다. 우리가 천국을 가는데 죽음을 거치지 않고 갈 사람은 에녹이나 엘리야를 제쳐 놓고 한 사람도 없습니다. 하나님은 우리를 이 땅과 또 다른 세계 천국으로 데려가기 위하여 죽음을 마련하셨습니다. 세상이 미련을 둘 곳이 못 된다면 죽음의 은빛 배를 타고 요단강을 건너

천국에 가는 것이 기쁨입니다. 그 날 주님께서 예비하신 낙원에서 새 생활을 누리게 되고, 주님과 깊은 교제를 가지며, 영광 중에 계시는 주님과 영원히 살 것이니 하나님께서는 성도의 죽는 것을 귀히 보시는 것입니다. 지금 천국에는 도착하신 고인을 환영하여 황금 종이 울리고 있습니다.

4. 약력

삼가 저의 아버님 고 ○○○님의 약력을 말씀드리겠습니다. 고 ○○○집사님은 0000년 0월 0일 평남 ○○군 ○○면 ○○리에서 ○○○씨의 장남으로 출생하시었고, 0000년 봄 저희 어머님 ○○○씨와 결혼하셨습니다.

00세에 예수 그리스도를 주로 믿어 구원을 얻으셨으며, 00세에 세례를 받으셨습니다.

○○교회에서 남신도회 회장 집사로 봉직하시면서 주님의 거룩한 일을 힘쓰셨으며, ○○회사 사장과 ○○시장 등을 역임하시며, 많은 공적을 남기셨습니다. 지금 남은 유족은 미망인과 ○남 ○녀의 ○명의 손자 손녀가 있습니다. 고인께서 천국에서 길이 길이 영생하시기를 바라며 삼가 양력을 줄이겠습니다.

0월 0일 유족 대표 ○○○

5. 조사

졸지에 선생님께서 서거하셨다는 부음을 듣고 놀래어 울었습니다. 그토록 다정 다감하시던 선생님을 다시는 뵈올 수 없다는 생각이 앞서서 나도 모르게 눈물이 펑 쏟아져 내렸습니다. 그러니까 제가 지난 0월 0일 제일병원으로 병 위문 갔던 그 때가 선생님을 마지막 뵈온 날이 될 줄은 꿈에도 생각지 못했습니다.

인간의 생이 이토록 속절없음을 다시 한번 느낍니다. 선생님이 살았을 때 그 멋진 모습, 그 부드럽고 온화한 말씀, 그 숭고한 삶을 생각하면서 인생의 아름다움을 노래하였더니 이제 선생님이 세상을 떠났으매 "인간이 이 세상에 온 것도 무요, 머무는 것도 무며, 가는 것도 무"라고 한 옛 사람의 말이 새삼스럽게 이 가슴을 찢습니다.

촛불이라면 다시 켜면 되고, 이슬이라면 다시 풀잎에 맺히면 되겠지만, 한번 가면 다시 못 오는 길, 그 길을 이렇게 보내야만 되는 우리는 다만 서럽기만 한이 없습니다. 나라와 교계가 위기에 서 있고, 하실 일이 너무나 많으셔서 기도와 눈물로 밤을 새우던 선생님, 선생님이 나타나시면 어떤 어려움도 잘도 해결되었는데 이제 어디에서 그 덕스러움과 지혜로운 지도를 받을 수 있을까요? 선생님 방황하는 이 제자들을 누구에게 맡기고 가시렵니까? 저 미성년자인 3자녀를 차마 어찌 잊고 하늘로 가셨습니까? 그토록 사랑하시던 사모님께서 이제 선생님은 가시고 어떻게 홀로 세월을 저어 가시라고 홀로 가셨습니까?

그러나 누구보다도 믿음이 좋으셨던 선생님은 하나님께 모든 것을 맡기시고 낙원으로 가신 줄 믿습니다. 그 깨끗한 시신을 보아도 분명히 하나님 품에 안기신 줄 믿고 위로를 받습니다.

선생님께서는 생이 소중하듯 죽음도 소중하다고 말씀하셨습니다. 사람의 주변에 배회하면서 차별도 구별도 없이 필연적으로 인간을 쓸어 가는 죽음, 그 죽음의 은빛 배를 타고 고요히 낙원으로 가시옵소서. 찬란한 나라에서 영생하십시오. 죽음이 안식이라면 더 이상 걱정 마시고 편히 쉬십시오. 죽음이 변화의 길이라면 나사로처럼 자유롭고 영화롭게 되십시오. 죽음이 부활의 길이라면 주의 날에 그리스도처럼 변화되십시오. 병도, 슬픔도, 고통도, 죽음도 없는 그곳에서 편히 쉬소서. 그 보좌 앞에서 우리를 위하여 기도를 주시옵소서. 믿음과 소망 속에 다시 만날 그날을 바라보면서 울음을 억제하고 삼가 조사를 유가족에게 드립니다.

0000년 0월 0일 제자 ◯◯◯ 올림

Ⅳ. 하관식

1. 하관식 진행 요령

* 묘소에 가까운 곳에 영구를 모신다.
* 유족들은 영구가 있는 곳에 서서 문상을 받는다.
* 지실이 조성되었으면 영구를 지실 앞으로 모신다.
* 봉띠를 풀고 관을 해체하고 지실에 시신을 모신다.
* 고운 흙을 백지로 싸서 지실(석관)을 채운다.
* 세 번째 횡대를 열어 놓고 하관식을 거행한다.
* 석관이면 석관 위 흙을 공포로 깨끗이 닦고 명정을 깔 것   이며 윗 부분을 약간 접히고
* 묘 앞에 유족들을 차례대로 서게 하고, 왼쪽으로 조문객을 서게 하여 자리를 정돈한 후 주례자는 갱두에 서서 하관식을 거행한다.
* 횡대를 마지막으로 덮고 서열 순으로 취토를 한다.
* 평토를 해놓고 중앙에 나무를 꽂아 묘 봉분시 중심을 알도록 표시하고 매장한다.
* 성분을 보는 것이 가급적 좋으나 평토를 한 후 산역하는 자에게 맡기고 하산해도 무방하다.
* 하산할 때 영정을 모신 분이 계속 영정을 모신다.
* 귀가하여 상제들과 귀가 예배를 드린다.
* 장례 후 내집사는 상주에게 기록부와 보고를 한다.
* 이장할 염려가 있으면 지석(질그릇에 고인의 성명, 생년월일, 약력, 사망일 등을 기록함)을 묻는다.

하관 예배순

개식사 ·· **주례자**

이재부터 우리의 형제(자매) 고 ◯◯◯ 성도를 대지의 품에 안장하는 하관식을 거행하겠습니다. 다 함께 묵도를 드리겠습니다. (잠시 후) 사도신조로 우리의 신앙을 고백하겠습니다.

신앙고백 ·· **다함께**

기도 ·· **맡은이**

생명의 근원이신 하나님, 지금, 우리의 형제(자매) ○○○성
도를 대지의 품에 안장하나이다. 흙으로 된 몸은 흙에서 왔으
니 흙으로 돌아가게 되었고, 영은 아버지 하나님으로부터 왔
으니 이미 아버지 하나님께 돌아갔나이다. 주여 비옵나니 사
랑하는 이를 보내야 하는 유족들에게 위로를 내려 주소서. 주
안에서 영원한 희망을 갖게 하소서. 성령으로 이끄사 전능하
신 하나님께 온갖 것을 맡기게 하소서. 그리고 믿음으로 살다
가 고인과 만나게 하소서, 천국을 한층 더 간절히 사모하게 하
소서. 예수 그리스도의 이름으로 기도 드립니다. 아멘.

성경 봉독 ············ 고린도전서 15장 42-44절 ················ **주례자**

42죽은 자의 부활도 이와 같으니 썩을 것으로 심고 썩지 아니
할 것으로 다시 살며 43욕된 것으로 심고 영광스러운 것으로
다시 살며 약한 것으로 심고 강한 것으로 다시 살며 44육의 몸
으로 심고 신령한 몸으로 다시 사나니 육의 몸이 있은 즉 또
신령한 몸이 있느니라.

설교 ··················· 죽은 이의 육과 영 ······················· **주례자**
찬송 ······························ 545장 ······························· **다함께**
축도 ·· **주례자**
취토 ·· **주례자, 유족**

"흙으로 된 몸 흙에서 왔으니 흙으로 돌아갑니다" 아멘.
　첫 번째 흙을 관 위에 뿌린다.
"주 재림하시는 날 여기서 다시 살 줄 믿습니다" 아멘.
　두 번째 흙을 관 위에 뿌린다.
"주 부활의 그 날까지 안식하소서" 아멘.
　세 번째 흙을 관 위에 뿌린다.

하관 예배 설교

죽은 이의 몸과 영
렘 2 1-2

고인의 시신을 대지에 안장하려고 합니다. 하나님의 위로가 유족들에게 함께 하시기 바랍니다. 사람이 죽으면 그 몸과 영은 어떻게 될 것인가 성경의 해답을 알아 볼 때 위로를 받으시기를 바랍니다.

첫째, 죽은 자의 육체는 잠자게 됩니다

나사로가 죽었을 때 예수님은 살리러 가시면서 "우리 친구 나사로가 잠들었도다. 그러나 내가 깨우러 가노라"고 하셨었는데 다음절에 그것은 죽음을 가리켜 말씀하신 것이라고 해석되었습니다.(요 11:10). 잠은 귀합니다. 모든 생각을 잠재우고 깊이 잠들어 안식할 수 있는 것은 얼마나 행복입니까! 자야 할 때 잠을 쉽게 들 수 있는 것은 확실히 행복입니다. 초저녁에 자기 시작하여 한 번도 깨지 않고 밤새도록 단잠을 자다가 새벽에 가볍게 깨어나면 잠들자마자 깨어난 것처럼 느껴지게 됩니다. 고인이 무덤에서 주 재림의 날에 부활하시면 그렇게 느끼게 될 것입니다. 한숨 잘 잤다 하시며 깨어날 줄 믿습니다. 그 동안은 고인의 육체가 여기서 안식을 누릴 것을 믿습니다. 다니엘서 12장 2-3절에는 "땅의 티끌 가운데서 자는 자 중에 많이 깨어 영생을 얻는 자도 있겠고---지혜 있는 자는 궁창의 빛과 같이 빛날 것이요 많은 사람을 옳은 데로 돌아오게 한 자는 별과 같이 영원토록 비취리라"고 하였습니다.

둘째, 죽은 자의 영은 낙원으로 갑니다

예수님께서 십자가 위에 달렸을 때 오른편 강도가 그 영혼을 부탁하니 주님은 그에게 "오늘 네가 나와 함께 낙원에 있으리라"고 약속하셨습니다. 낙원이라는 어의를 생각하면서 우리는 지금 낙원을 막연히 아름다울 거라고 생각하지만 막상 거기 가보면 놀랄 것이라고 생각합니다. 거기는 우주를 아름답게 지으신 아버지 하나님께서 당신의 자녀들을 위하여 모든 솜씨를 총동원하여 지으신 영원한 집일 테니까 말입니다. 낙원은 슬픔이나 고통이나 침울함이 없고, 주의 사랑 안에서 시기도 미움도 없으며, 주님의 빛 아래에서 어두움도 두려움도 없는 곳이라 하였습니다. 한 영적 체험자는 "내 생에 가장 기뻤던 시간, 가장 맑았던 날, 내 마음속에 한 조각 구름도 없었던 때의 10억 배 곱한 상태의 곳이 낙원이라"고 말하였습니다.

셋째, 영과 육이 만나는 날이 있습니다

죽은 성도의 육과 영이 합할 날이 있습니다. 그 날은 주 재림의 날입니다. 죽었던 성도들이 그 날에 모두 부활하여 부활하신 그리스도와 같은 영광스러운 몸과 같이 된다고 하였습니다. 지금 우리가 가지고 있는 육체와는 전혀 다른 영체로 다시 살 줄 믿으시기 바랍니다. 병들어서 죽은 몸이 건강한 몸으로, 늙어서 죽었던 몸이 젊은 몸으로, 썩은 몸이 썩지 아니할 몸으로, 약한 몸이 강한 몸으로, 욕된 몸이 영화로운 몸으로 홀연히 변화되는 것입니다. 요한 1서 3장 2절에는 우리가 부활하신 주님과 같이 된다고 하였습니다. 그 날에 모든 슬픈 모습은 끝나고, 새롭고 온전하게 주와 같이 변화됩니다. 그리스도의 부활의 능력은 우리를 부활시킬 것입니다. 이 말씀은 천지가 증거하는 하나님의 말씀입니다 그 소망을 바라보며 큰 위로를 받으시기 바랍니다.

귀가 위로 예배순

묵도 ·· **다함께**

543 저 높은 곳을 향하여

(골 3:2)

존슨 오트만 2세 작사
찰스 가브리엘 작곡

조금 느리게 ♩=66

1. 저높은 곳 을향하 여 날마다 나 아갑니 다
2. 괴롬과 죄 가있는 곳 나비록 여 기살아 도
3. 의심의 안 개걷히 고 근심의 구 름없는 곳
4. 험하고 높 은이길 을 싸우며 나 아갑니 다
5. 내주를 따 라올라 가 저높은 곳 에우뚝 서

내뜻과 정 성모두 어 날마다 기도합니 다
빛나고 높 은저곳 을 날마다 바라봅니 다
기쁘고 참 된평화 가 거기만 있사옵니 다
다시금 기 도하오 니 내주여 인도하소 서
영원한 복 락누리 며 즐거운 노래부르 리

후렴

내주여 내 발붙드 사 그곳에 서 게하소 서

그곳은 빛 과사랑 이 언제나 넘치옵니 다

기도 ·· **맡은이**

산 자와 죽은 자의 하나님, 우리는 고인의 시신을 대지의 품에 안장하고 집으로 돌아와 예배를 드립니다. 고인의 시신은 산에 묻혀 있어도, 그 영혼은 아버지 품에 안기신 줄 믿고 감사 드리며, 비록 우리가 고인과 떨어져 있어도 잠시 잠깐 후에 만날 것을 믿고 위로를 받습니다. 이제 장례가 끝났으니 유족들이 슬픔을 거두고 마음을 새롭게 가지게 하옵소서. 고인 없이 살아야 할 유족들에게 위로와 용기를 주시옵고 고인이 남기신 훌륭한 뜻을 받들어 가문을 더욱 빛낼 수 있게 도와 주시옵소서. 부활의 소망으로 세상을 담대히 살고, 승리의 생활을 하도록 도와주소서. 우리 주 예수 그리스도의 이름으로 기도 드립니다. 아멘.

성경봉독·············사무엘하 12장 19-23절··········**주례자**

[19]다윗이 그 신복들의 서로 수군거리는 것을 보고 그 아이가 죽은 줄을 깨닫고 그 신복들에게 묻되 아이가 죽었느냐 대답하되 죽었나이다 [20]다윗이 땅에서 일어나 몸을 씻고 기름을 바르고 의복을 갈아입고 여호와의 전에 들어가서 경배하고 궁으로 돌아와서 명하여 음식을 그 앞에 베풀게 하고 먹은지라 [21]신복들이 왕께 묻되 아이가 살았을 때에는 위하여 금식하고 우시니 죽은 후에는 일어나서 잡수시니 어찜이니이까 가로되 [22]아이가 살았을 때에 내가 금식하고 운 것은 혹시 여호와께서 나를 불쌍히 여기사 아이를 살려 주실는지 누가 알까 생각함이어니와 [23]시방은 죽었으니 어찌 금식하랴 내가 다시 돌아오게 할 수 있느냐 나는 저에게로 가려니와 저는 내게로 돌아오지 아니하리라.

설교················· 귀로가 없는 인생 ···················**주례자**

축도(주기도) ·· **주례자**

귀가 위로 설교

귀로 없는 인생

삼하 12 : 19-23

다윗은 그 아들이 죽기 전에는 금식하고 철야하고 엎드려 있었으나, 아이가 죽었다고 하니 일어나 몸을 씻고, 기름을 바르고, 의복을 갈아 입고, 하나님께 경배하고, 궁으로 돌아가 음식을 먹었습니다. 신하들은 이상히 여겼으나 믿음이 있던 다윗은 그렇게 할 수밖에 없었습니다.

저는 내게 돌아오지 아니하리라

대개의 사람은 사람이 죽었을 때 애통하는데 다윗은 정반대로 슬픔을 거두고 일어나 음식을 먹었습니다. 그것은 비록 자기 귀한 아들의 죽음이라 할지라도 죽음이 사람으로서는 어찌할 수 없는 하나님의 주권임을 믿고, 하나님의 뜻에 절대 복종한 태도인 것입니다. "나는 저에게로 가려니와 저는 내게로 돌아오지 아니하리라"고 귀로 없는 인생을 탓하지 않고 순복한 것입니다. 이것은 성도가 죽음을 직면할 때 취할 신앙적 바른 태도인 것입니다.

순복과 쇄신

다윗은 또한 슬픔을 거두고 마음을 새롭게 하였습니다. 그 행동이 그 증거입니다. 우리가 새 마음을 가지려고 할 때 그것이 기도가 되고, 하나님은 우리 마음에 새 마음을 창조하시고 영을 새롭게 하십니다. 다윗의 신앙을 본받읍시다. 마음을 새롭게 합시다. 그것이 바로 고인의 바람이기도 할 것입니다. 다시 만날 수 있는 소망을 가지고 고인을 만날 때 부끄럽지 않을 거룩하고 바르고 새롭게 살아갑시다.

4. 묘비(墓碑)

묘비를 세우는 시기는 따로 없지만 탈상 예배 때나 1주기 추도 예배 때에 세우지 못하면 세우기 힘들어진다.

옛날 비문서식 : 벼슬을 살았으면 벼슬 이름을 쓰고 그렇지 않으면

學生(儒人) 全州李公(氏) ○○ 之墓라 썼다.

현대 비문서식 : 관직이 있으면 쓰고 그렇지 않으면

남자는 아호(雅號)를 학생 대신에 넣어 青空 李正烈의 墓,

여자는 昌寧 曹氏 ○○女史之墓. 故 金○○女史之墓라 한다.

기독교 서식은 아래와 같다.

합 분 쌍 묘	✝ 故 一参 ○○○ 長老 故 金海金氏○○ 勸士 之墓
오 른 편	남편 연월일 소천 아내 연월일 소천
왼 편	(묘 방향) ○坐
뒷 면	子 ○○ 자부 ○○○ ○○ ○○○ 女 ○○ 壻 ○○○ 2003년 1월 15일 건립
외 묘 한 글 식	✝ 고 청공 ○○○ 집사 여기에 잠드시다(단12:3)
오 른 편	소천 연월일 ○ 坐
뒷 면	아들 ○○ 자부 ○○○ ○○ ○○○ 딸 ○○ 사위 ○○○ 2003년 1월 15일 세움

묘비는 받침인 반석과 비신(碑身)과 덮개인 가첨석이 있다. 성도는 제물을 차리는 상석이나 향로석은 만들지 않는다.

V. 기타 상례

1. 첫성묘 예배순

개식사 ··· **주례자**

마음을 가다듬어 첫성묘 예배를 드립시다.

묵도 ······················(신앙고백)······················· **다함께**

---

543 저 높은 곳을 향하여

(골 3.2)

존슨 오트만 2세 작사
찰스 가브리엘 작곡

조금 느리게 ♩=66

1. 저높은 곳 을향하 여 날마다 나 아갑니 다
2. 괴롬과 죄 가있는 곳 나비록 여 기살아 도
3. 의심의 안 개걷히 고 근심의 구 름없는 곳
4. 험하고 높 은이길 을 싸우며 나 아갑니 다
5. 내주를 따 라올라 가 저높은 곳 에우뚝 서

내뜻과 정 성모두 어 날마다 기도합니 다
빛나고 높 은저곳 을 날마다 바라봅니 다
기쁘고 참 된평화 가 거기만 있사옵니 다
다시금 기 도하오 니 내주여 인도하소 서
영원한 복 락누리 며 즐거운 노래부르 리

후렴

내주여 내 발붙드 사 그곳에 서 게하소 서

그곳은 빛 과사랑 이 언제나 넘치옵 니 다

기도 ·· **주례자**

생사를 다스리는 하나님, 아버지의 말씀을 믿고 찬양과 영광
을 돌립니다. 이 세상에서 다시 고인을 대면할 수 없지만, 부
활하신 예수 그리스도의 공로를 힘입어 언젠가는 만날 수 있
다는 희망 속에 감사를 드립니다. 고인의 영혼을 품어 주시사
그리스도의 재림 날에 이 무덤에서 부활하여 하늘 영광을 누
리게 은혜를 베풀어주소서. 유족들에게도 슬픔을 거두고 새
마음을 가지도록 은혜를 베풀어주옵소서. 예수님의 이름으로
기도합니다. 아멘.

성경 봉독 ············고린도전서 15장 51-52절 ·········· **주례자**

[51]보라 내가 너희에게 비밀을 말하노니 우리가 다 잠잘 것이
아니요 마지막 나팔에 순식간에 홀연히 다 변화하리니 [52]나팔
소리가 나매 죽은 자들이 썩지 아니할 것으로 다시 살고 우리
도 변화하리라 [53]이 썩을 것이 불가불 썩지 아니할 것을 입겠
고 이 죽을 것이 죽지 아니함을 입으리로다 [54]이 썩을 것이 썩
지 아니함을 입고 이 죽을 것이 죽지 아니함을 입을 때에는 사
망이 이김의 삼킨 바 되리라고 기록된 말씀이 응하리라 [55]사망
아 너의 이기는 것이 어디 있느냐 사망아 너의 쏘는 것이 어디
있느냐 [56]사망의 쏘는 것은 죄요 죄의 권능은 율법이라 [57]우리
주 예수 그리스도로 말미암아 우리에게 이김을 주시는 하나님
께 감사하노니(고전15:58)그러므로 내 사랑하는 형제들아 견
고하며 흔들리지 말며 항상 주의 일에 더욱 힘쓰는 자들이 되
라 이는 너희 수고가 주안에서 헛되지 않은 줄을 앎이니라.

설교 ······················· 부활을 믿으며 ····················**주례자**

주기도 ··· **다함께**

첫성묘 설교

부활을 믿으며
고전 15 : 51-54

원래는 삼우제라고 하였습니다. 삼우제란 망인의 혼이 갈 바를 모르고 방황할까 봐 그 혼을 위로하기 위해 드리는 제사였습니다. 그래서 성도는 그런 호칭을 사용하지 않고, 묘역을 정비하고, 고인의 부활을 염원하는 뜻의 예배인 첫성묘 예배라고 부릅니다. 예배 후 묘역을 정비하고 음료수를 나누며 고인을 추모합니다. 이 날은 장사일에 수고한 여러분들에게 회식을 베풀어 대접하기도 하기도 합니다.

오늘 본문에 잠자는 것은 사람이 죽은 후의 상태를 말씀함이며, 주 재림 날에 변화한다는 것은 성도의 부활을 뜻하는 것입니다. 성도의 몸은 죽어 고이 잠자다가 주 예수 재림의 날에 전혀 다른 변화된 몸으로 변화하여 부활한다는 것입니다.

이 변화의 몸을 고린도전서 15장 42절 이하에 기록하였는데 "썩을 것으로 심고 썩지 아니할 것으로 다시 살며 욕된 것으로 심고 영광스러운 것으로 다시 살며 약한 것으로 심고 강한 것으로 다시 살며 육의 몸으로 심고 신령한 몸으로 다시 사나니 육의 몸이 있은 즉 또 신령한 몸이 있느니라"고 하였습니다. 죽음 앞에 선 사람에게 이보다 더 큰 희망은 없습니다. 구약성서에 메시아가 오신다는 약속이 약 350회 예언되었는데, 그 약속대로 그리스도께서 강림하셨고, 주 재림의 예언은 신약에 318번 기록되었는데, 과연 주께서 재림하실 것이 분명합니다. 하나님의 말씀은 일점일획도 어김없이 성취되었기 때문입니다. 말씀에 의하여 더욱 믿음을 굳게 가지시고 위로와 힘을 얻으시기를 축원합니다.

2. 화장 예배순

개식사············관을 화장 입구 대 위에 안치하고············**주례자**

지금으로부터 고 ○○○ 성도의 화장예배를 드리겠습니다.

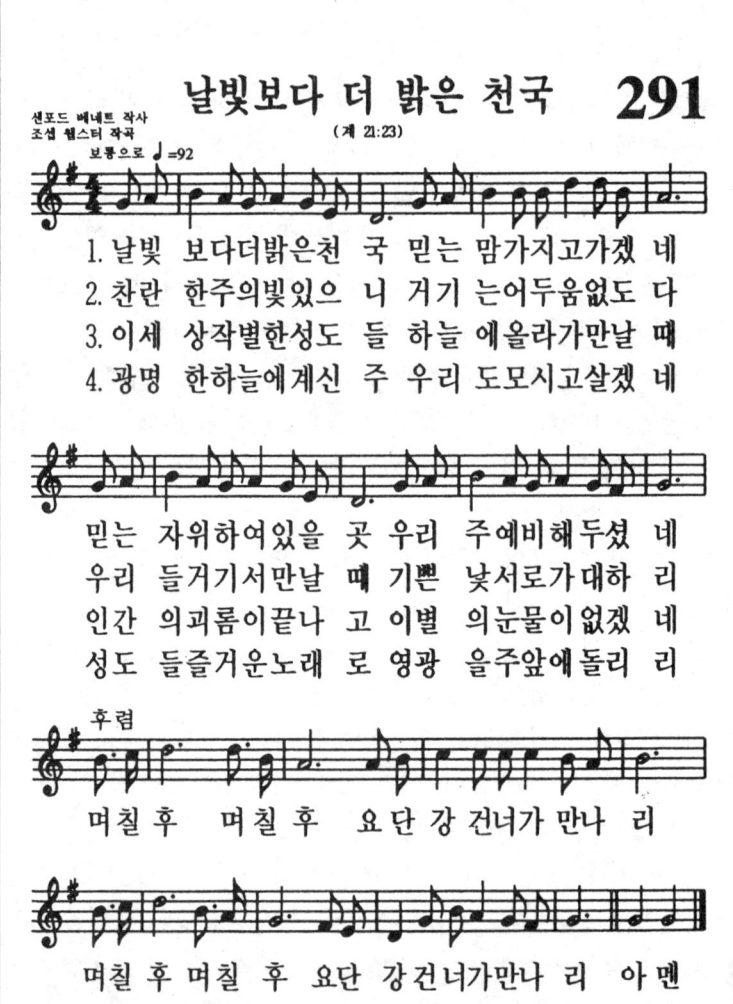

기도 ··· **맡은이**

　생명의 주가 되시는 하나님 아버지, 아버지에게 하늘나라로 부르심을 받은 성도 ○○○님의 시신을 주의 손에 온전히 맡기나이다. 지금 성도님의 시신이 불 속에서 티끌이 되어 사라지오나 그 영혼은 은혜로우신 주님 앞에 나아가 안식을 누리다가, 주께서 다시 이 땅에 오시는 날에 영광스러운 몸으로 다시 부활하여 영체를 입을 줄 믿고 그렇게 되기를 기원하나이다. 고인을 떠나 보내고 슬퍼하는 유족들에게 위로를 내리시사 믿음과 소망에 굳게 서게 하시옵소서. 예수님의 이름으로 기도 드립니다. 아멘

성경봉독··············시편 90편 3-10절 ················ **주례자**

　³주께서 사람을 티끌로 돌아가게 하시고 말씀하시기를 너희 인생들은 돌아가라 하셨사오니 ⁴주의 목전에는 천년이 지나간 어제 같으며 밤의 한 경점 같을 뿐임이니이다 ⁵주께서 저희를 홍수처럼 쓸어 가시나이다 저희는 잠간 자는 것 같으며 아침에 돋는 풀 같으니이다 ⁶풀은 아침에 꽃이 피어 자라다가 저녁에는 벤 바 되어 마르나이다 ⁷우리는 주의 노에 소멸되며 주의 분내심에 놀라나이다 ⁸주께서 우리의 죄악을 주의 앞에 놓으시며 우리의 은밀한 죄를 주의 얼굴 빛 가운데 두셨사오니 ⁹우리의 모든 날이 주의 분노 중에 지나가며 우리의 평생이 일식간에 다하였나이다 ¹⁰우리의 연수가 칠십이요 강건하면 팔십이라도 그 연수의 자랑은 수고와 슬픔 뿐이요 신속히 가니 우리가 날아가나이다.

설교···························티끌 인생························ **다함께**

축도(주기도)·· **주례자**

화장 예배 설교

티끌 인생

시 90 : 3-4

육신은 티끌로 돌아가고

이 시 90편 3절에 주께서 티끌로 돌아가게 하셨다고 하셨습니다. 티끌은 먼지처럼 작고 하잘것없는 존재를 가리킵니다. 흔히들 이 세상을 풍진세상이라 하여 하잘것없음을 말합니다. 사람이 살아 있을 때는 위대하게도 보이고, 아름답게도 보이고, 강하게도 보이지만, 병들고 죽게 되면 그 가치는 시들어 가고 티끌과 같은 존재가 됩니다. 죽으면 그 목숨도, 그 평생의 경영도, 그 삶도 무상하게 됩니다. 과연 한갓 티끌로 돌아가는 것입니다.

영은 하나님께로 돌아갑니다

인생들을 돌아가라 하셨다고 하였습니다. 사람에게 주어진 사는 동안은 사람이 마음대로 하지만 사람이 태어날 때와 죽을 때는 하나님의 주권이기 때문에 돌아가라면 돌아가야지 이유가 없습니다. 육은 흙이니 흙으로 돌아가지만 영은 하나님께로서 왔으니 하나님께 돌아갑니다. 믿음으로 말미암아 이 땅 낡은 장막 집에서 하나님께서 손수 지으신 영광스러운 집으로 돌아가는 것입니다. 이 세상만 아는 불신자들은 사람의 죽음을 슬퍼하지만 믿음으로 저 하늘 나라가 있는 것을 아는 성도는 소망 중에 기뻐합니다. 사람이 위대한 것은 하나님의 뜻을 알고 행하는 것입니다. 고인은 하나님의 뜻대로 사셨으니 하늘나라 영광이 있을 줄 믿고 위로 받으시기 바랍니다.

3. 탈상 예배순

묵도 ·· 다함께
신앙고백 ·· 다함께

기 도 ··· **맡은이**

　생사를 주장하시는 하나님 아버지, 그 동안 돌아가신 분을 생각하면서 슬픔에 잠겨 있다가 이렇게 사는 것이 하나님의 뜻이 아니라 생각되어, 오늘 우리는 여기 모여 탈복하고 일상의 삶으로 나아가려 합니다. 고인의 영혼을 아버지께서 영원히 품어 주실 줄 믿고, 우리가 더 이상 슬퍼하거나 방황하지 않고 새 삶을 살고자 합니다. 성령의 위로를 내려 도와주옵소서. 예수 그리스도의 이름으로 기도합니다. 아멘.

성경 봉독················· 창세기 50장 19-21절 ··············· **다함께**

　[19]요셉이 그들에게 이르되 두려워 마소서 내가 하나님을 대신하리이까 [20]당신들은 나를 해하려 하였으나 하나님은 그것을 선으로 바꾸사 오늘과 같이 만민의 생명을 구원하게 하시려 하셨나니 [21]당신들은 두려워 마소서 내가 당신들과 당신들의 자녀를 기르리이다 하고 그들을 간곡한 말로 위로하였더라.

설교 ·······················탈상의 의미 ······················· **주례자**
축도(주기도)··**주례자(다함께)**

탈상 처리

　가정의례 준칙에 의하면 탈상을 100일 전으로 하게 되었습니다. 탈상은 묘지에서 드리지만 사정에 따라 집에서도 드릴 수 있습니다. 예배 전에 상장과 상복을 모아 놓고 예배드리고 예배 후 내어다가 소각하거나 땅에 묻습니다.

탈상 예배 설교

탈상의 의미

창 50 : 19-21

　오늘 본문을 보면 요셉의 형들은 그 아버지 야곱의 탈상을 하고 권세를 가지고 있는 동생 요셉이 저들의 과거 악을 복수할까 두려워했지만 요셉은 오히려 그들을 위로하고 도와주기로 약속하였습니다. 탈상이란 이런 것입니다.

　탈상은 상복, 상장만 벗는 것이 아니라 슬픈 마음, 의심하는 마음, 가책되는 마음, 원망하는 마음, 맺힌 마음들, 모든 것을 훌훌 벗어버리는 것입니다. 탈상을 통해 하나님께서 가정의 어둔 그늘까지도 다 치워 주실 줄 믿으시기 바랍니다. 그리고 새 생활을 할 수 있도록 성령께서 도와주실 줄 믿으시기 바랍니다. 우리 민족은 과거는 너무 많이 기억하고, 미래는 너무 적게 내다보는 흠이 있습니다. 탈상 예배를 드리는 여러분, 과거는 다 잊어버리고 미래를 내다보십시오. 그것이 탈상 예배의 목적입니다. 기억하는 것도 좋지만 망각하는 것도 좋습니다. 만일 사람이 일생의 고통스러운 일들을 전부 다 기억하고 있다면 얼마나 괴로운 일이 되겠습니까? 우리가 고통스러운 일들을 잊어버려야 합니다.

　새 삶을 위하여 새 출발 할 수 있어야 합니다. 오늘 탈상을 맞는 유족 여러분, 이 탈상을 통하여 슬픈 과거는 잊기 바라며 새 생활을 하는데 성령께서 도와주시기 바랍니다. 우리가 새 마음을 가질 때 성령은 그 마음에 새 일을 시작하도록 도울 것입니다.

4. 추도 예배순

* 추도식은 기일 즉 고인이 돌아가신 날에 드리는 기제를 조상에게 드리지
  않고 하나님께 예배드리는 것이다.
* 추도식은 가족적이어야 한다.
* 상에 고인의 사진 촛불 꽃으로 장식하는 것도 좋다.
* 고인의 약력, 유언, 영상이나 녹음을 듣는다.
* 고인의 믿음과 하신 일들과 유지를 알아본다.
* 음식은 준비하되 절하지 않고 예배 후에 참여한 사람이 먹기만 한다.
* 고인의 자녀들이 살아 있는 동안만 추도식을 한다.

개식사 ·· **주례자**

　지금으로부터 고 ○자 ○자 조부님의 ○주기 추도식을 거행하
겠습니다. 다 함께 묵도를 드리겠습니다.

묵도 ·· **다함께**

신앙고백 ·· **다함께**

　전능하사 천지를 만드신 하나님 아버지를 내가 믿사오며, 그
외아들 우리 주 예수 그리스도를 믿사오니, 이는 성령으로 잉태
하사 동정녀 마리아에게 나시고, 본디오 빌라도에게 고난을 받
으사, 십자가에 못 박혀 죽으시고, 장사한 지 사흘만에 죽은 자
가운데서 다시 살아나시며, 하늘에 오르사, 전능하신 하나님 우
편에 앉아 계시다가, 저리로서 산 자와 죽은 자를 심판하려 오시
리라. 성령을 믿사오며, 거룩한 공회와, 성도가 서로 교통하는
것과, 죄를 사하여 주시는 것과, 몸이 다시 사는 것과, 영원히 사
는 것을 믿사옵나이다. 아멘

기도 ·· **맡은이**

생명의 근원 하나님, 오늘 우리는 고 ○자 ○자 조부님의 0주기 추도 예배를 드립니다. 하나님께서 고인에게 천국의 안식을 주신 것을 감사 드립니다. 우리들을 위대한 조상들의 후손으로 태어나게 하셨음을 감사 드립니다. 오늘 추도 예배를 드리며 고인이 살아 계실 때 하신 일과 말씀들을 되새기며, 아직도 이루지 못한 유지를 이루고자 하오니 우리를 도우소서. 우리가 먼 훗날 고인과 함께 하나님 앞에 설 때 부끄럽지 않게 서도록 인도하여 주옵소서. 주 예수 그리스도의 이름으로 기도 드립니다. 아멘.

성경봉독.··············한계시록 21장 23-27절·············· **설교자**

²³그 성은 해나 달의 비췸이 쓸데없으니 이는 하나님의 영광이 비취고 어린양이 그 등이 되심이라 ²⁴만국이 그 빛 가운데로 다니고 땅의 왕들이 자기 영광을 가지고 그리로 들어오리라 ²⁵성문들을 낮에 도무지 닫지 아니하리니 거기는 밤이 없음이라 ²⁶사람들이 만국의 영광과 존귀를 가지고 그리로 들어오겠고 ²⁷무엇이든지 속된 것이나 가증한 일 또는 거짓말하는 자는 결코 그리로 들어오지 못하되 오직 어린양의 생명책에 기록된 자들 뿐이라

설교 ·· **주례자**

약력보고 ·· **맡은이**

약력은 생년월일, 출생지, 결혼 연월일. 자손 내역, 출신학교, 봉직한 교회 직분, 사회경력, 저서, 상 받은 일 등을 상세히 기록하여 들려줄 것. 유언, 유물, 유서, 영상, 녹음 청취.

찬송 ··············(고인이 즐겨 하시던 찬송) ·············· **다함께**

주기도 ·· **다함께**

추도식 설교

사후의 세계

눅 16 : 25-31

의식과 활동이 있는 사후 세계

성경은 사망과 부활 사이에 중간 상태를 말씀하셨습니다. 본문에 사후의 세계에서도 볼 수도 있고, 느낄 수도 있고, 시원함과 뜨거움을 감지하고, 소원도 말할 수 있음을 보여 주고 있습니다. 사후에도 영혼이 살아 있어서 생각하고 말하며 찬양도 하고 활동한다는 사실입니다. 그리스도 안에서 죽은 자의 영혼은 주와 더불어 즐거워하며 산다는 것입니다.

사후의 세계는 낙원

낙원은 즐거운 곳이라는 뜻입니다. 그곳은 슬픔이나 고통이나 침울함이 없는 곳입니다. 고린도후서 4장 17절을 보면 "우리의 잠시 받는 환난의 경한 것이 지극히 크고 영원한 영광의 중한 것을 우리에게 이루게 함이니"라 하여 세상의 어떤 즐거움도 그곳의 기쁨과 비교할 수 없다고 하였습니다.

참 안식이 있는 곳

그리스도의 온전하심같이 우리도 온전해지는 곳입니다. 가장 아름다움이 거기에 있습니다. 거기에는 생명이 충만합니다. 거기에는 참 안식이 있는 곳입니다. 주님께서 주야로 함께 계셔서 세상 고생 꿈에 본 듯 잊고 금거문고를 타면서 참 안식 누리는 곳입니다.

5. 성묘 예배순

우리나라에서 오랫동안 지켜 오던 제례 중에 성묘가 있다. 4대조까지는 기제로 드리고, 5대조 이상은 일년 1차 10월에 문중 친척이 모여서 묘 앞에서 지내는 시제다. 이것은 하나님을 모르던 때의 효사상에서 생긴 것이다. 그것이 불신앙의 바탕에서 제례로 왔기에 우리 신앙에 어그러지는 것이지, 그 효사상은 아름답고 성경적이다.

그 효사상을 살려 추모예배를 하나님께 드리는 것이 성묘예배다. 조상들의 생애와 업적을 기리면서 훌륭한 자손으로 대를 이을 것을 다짐하고, 자손들로서 조상의 묘를 알아두고 보살피는 것이 나쁘지 않다. 이 예배는 조상에게 드리는 것이 아니요, 하나님께 드리는 예배라는 것을, 그리고 그 이유를 설명한다면 하나님께 영광도 되고, 선교도 되고, 친척끼리의 화목도 될 것이다.

개식사 ··· **다함께**

신앙고백 ··· **다함께**

전능하사 천지를 만드신 하나님 아버지를 내가 믿사오며, 그 외아들 우리 주 예수 그리스도를 믿사오니, 이는 성령으로 잉태하사 동정녀 마리아에게 나시고, 본디오 빌라도에게 고난을 받으사, 십자가에 못 박혀 죽으시고, 장사한 지 사흘만에 죽은 자 가운데서 다시 살아나시며, 하늘에 오르사, 전능하신 하나님 우편에 앉아 계시다가, 저리로서 산 자와 죽은 자를 심판하려 오시리라. 성령을 믿사오며, 거룩한 공회와, 성도가 서로 교통하는 것과, 죄를 사하여 주시는 것과, 몸이 다시 사는 것과, 영원히 사는 것을 믿사옵나이다. 아멘

534 세월이 흘러가는데

(벧전 2:11)

데이빗 넬슨 작사
조지 루트 작곡

보통으로 ♩=92

1. 세 월이흘러 가는데이 나 그네된 나는
2. 저 뵈는하늘 집으로떠 떠 고어서 가세
3. 어 두운그날 닥쳐도찬 송 을쉬지 마세
4. 큰 풍파일어 나는것세 상 줄끊음 일세

괴 로운세월 가는것 금 할 길아주 없네
주 계실때에 하신말 등 예 비하라 셨네
금 거문고를 타면서 나 안 식누리 겠네
주 께서오라 하시면 내 고 향찾아 가리

후렴

요 단강가에 섰는데 내 친구건 너 가네

저 건너편에 빛난곳 내 눈 에희미 하다

기도 ·· **맡은이**

  하나님 아버지, 오늘 우리는 여기 모여 아버지께 감사와 영광을 돌립니다. 우리들을 훌륭한 조상들의 자손으로 태어나게 하시고, 대를 이어 그 유업들을 잇게 하여 주시니 감사합니다. 조상님들의 묘를 보니 우리들을 위해 애써 오셨던 그 분들의 인격과 업적을 기리게 되며, 먼 훗날 하나님 앞에 함께 모일 때, 부끄러움이 없는 전통을 잘 이어나가는 후손이 되겠다고 다시금 다짐하게 됩니다. 여기 모인 우리들을 축복하시사 그렇게 살도록 도와 주시옵소서. 그리고 우리 민족이 대대손손 실천하여 오던 효사상을 우리도 실천하여 하나님께 영광을 돌리게 하옵소서. 우리 모든 친척이 다 하나님을 믿어 하나님의 백성이 되어 모두가 함께 성묘할 수 있는 날이 속히 오게 하소서. 주 예수의 이름으로 기도 드립니다. 아멘

성경봉독 ·············히브리서 9장 27-28절················· **주례자**

  [27]한번 죽는 것은 사람에게 정하신 것이요 그 후에는 심판이 있으리니 [28]이와 같이 그리스도도 많은 사람의 죄를 담당하시려고 단번에 드리신 바 되셨고 구원에 이르게 하기 위하여 죄와 상관없이 자기를 바라는 자들에게 두 번째 나타나시리라

설교 ·····················묘역에 서서 ·····················**주례자**

주기도 ·· **다함께**

  묘지를 순례하면서 묘를 소개하고 그 조상들의 업적을 소개하도록 한다. 돌아가신 분들의 업적은 기록보다 구전이 많다.

성묘 예배 설교

묘역에 서서
히 9 : 27-28

좋은 조상을 주셨음을 감사합시다

우리는 조상을 통해 이 땅에 태어났습니다. 생명의 주인은 하나님이시지만 그 생명의 통로는 조상들입니다. 아버지의 뼈를 타고 어머니의 살을 타고 하나님께 영혼을 타고 우리는 태어난 것입니다. 이 사실을 하나님께 감사하고 조상들께 감사해야 하겠습니다. 생명은 성장하는 운동이요, 움직이는 힘이며, 창조하는 능력입니다. 생명이 있어 역사가 일어나며 사랑이 있고, 행복이 있습니다.

좋은 유업을 주신 것을 감사합시다

그 조상의 모든 것을 물려받아 우리가 태어난 것입니다. 재능, 성격, 성품, 신앙, 좋은 삶 등과 재산까지 물려주셨습니다. 우리가 이 선산을 보면서 다시 한번 조상들의 은덕을 기억하게 됩니다. 좋은 조상을 주신 하나님께 감사하고 우리도 조상들에게 부끄럽지 않은 후손이 되기를 다짐해야 하겠습니다.

효 사상을 이어 갑시다

우리 민족의 효사상은 아름다운 전통입니다. 그 효사상을 이어온 하나가 바로 이 성묘입니다. 그것이 불신앙의 바탕에서 제례로 왔기에 어그러지는 것이지 그 효사상만은 성경적입니다. 조상 묘를 알아두고 보살피면서 효성의 유산을 이어가기를 다짐하는 것은 아름답지 않을 수 없습니다.

6. 이장식

(1) 준비할 것

창호지, 유골함, 함보, 삽. (육탈 안된 시신용)칼, 그릇

* 충분히 육탈되었을 때에 이장을 하여야 한다.
* 묘역에 도착하여 기도 드리고 작업을 한다.
* 유해가 보일 때까지 묘의 반 부분을 판다.
* 이장 작업을 시작하였으면 육탈이 안 된 시신은 그 상태에 맞도록 이장한다.
* 만일 육탈이 의심스럽다면 전문가를 불러야 한다.

(2) 유골 수시

유골을 창호지로 7부분 따로 싸서 명칭을 표시한다.

① 두골 앞뒤 표시
② 오른손과 오른팔
③ 왼손과 왼팔
④ 목뼈 가슴 등 뼈(늑골 흉골 견갑골 등)
⑤ 허리뼈 엉덩이뼈(장골, 천골, 치골, 요골, 치골 등)
⑥ 오른다리와 발뼈
⑦ 왼다리와 발뼈

* 유골함에 창호지를 깔고 유골을 차례대로 넣고 보로 싼다.
* 만일 뼈가 삭아서 형체가 없으면 부분부분 흙을 싸서 표시하여 유골함에 넣는다.
* 새 장지에 이르면 지실에 유골을 사람의 형태로 맞추어 놓고 복토하여 예배를 드리고 취토한다.

(3) 육탈이 덜된 유골

* 육탈이 덜 되었거나 분해가 어려우면 관목에 삼베로 감아 이장 매장한다.

이장 예배순

개식사 ···································· **주례자**

우리의 사정과 땅의 형편으로 인하여 고 ○○○성의 유해를 이장을 하고자 합니다. 먼저 하나님께 예배를 드리겠습니다.

묵도···································· **다함께**

신앙고백 ···············사도신경···············**다함께**

오거스터스 토플레디 작사
토머스 헤이스팅스 작곡

만세 반석 열리니

188

보통으로 ♩=80　　　(고전 10:4)

1. 만세 반석 열리 니 내가 들 어갑니 다
2. 내가 공을 세우 나 은혜 갚 지못하 네
3. 빈손 들고 앞에 가 십자가 를붙드 네
4. 살아 생전 숨쉬 고 죽어 세 상떠나 서

창에 허 리상하 여 물과피 를흘린 것
쉬임 없 이힘쓰 고 눈물 근 심많으 나
의가 없 는자라 도 도와주 심바라 고
거룩하 신주앞 에 끝날심 판당할 때

내게 효험 되어 서 정결하 게하소 서
구속 못할 죄인 을 예수홀 로속하 네
생명 샘에 나가 니 맘을씻 어주소 서
만세 반석 열리 니 내가들 어갑니 다 아 멘

기도 ·· **맡은이**

은혜로우신 하나님. 우리는 지금, 오래 전 하늘 나라에 가신 ○○○성도의 유골을 이장하나이다. 유해가 어디에 있든 주 재림의 날에 일으키시지 않겠으며, 주님을 맞을 수 없겠습니까마는, 우리들 인간의 사정과 땅의 형편으로 인하여 이장하오니 유족들을 굽어 살펴 위로와 힘을 주시며 지켜 주시고 더욱 믿음에 굳게 서서 하늘 나라를 더 간절히 사모하게 하소서. 주 예수의 이름으로 기도 드립니다. 아멘.

성경 봉독 ············ 요한복음 5장 25절 ············· **주례자**

²⁴내가 진실로 진실로 너희에게 이르노니 내 말을 듣고 또 나 보내신 이를 믿는 자는 영생을 얻었고 심판에 이르지 아니하나니 사망에서 생명으로 옮겼느니라 ²⁵진실로 진실로 너희에게 이르노니 죽은 자들이 하나님의 아들의 음성을 들을 때가 오나니 곧 이 때라 듣는 자는 살아나리라

설교 ·· **주례자**

축도 ·· **주례자**

취토 ··· **주례자, 유족**

"흙으로 된 몸 흙에서 왔으니 흙으로 돌아갑니다" 아멘.

　첫 번째 흙을 관 위에 뿌린다.

"주 재림하시는 날 여기서 다시 살 줄 믿습니다" 아멘.

　두 번째 흙을 관 위에 뿌린다.

"주 부활의 그 날까지 안식하소서" 아멘.

　세 번째 흙을 관 위에 뿌린다.

이장 예배 설교

생명의 부활

요 5 : 25

오늘 우리는 이장하면서 무덤을 열어 사람의 육체가 한 줌 흙이 되어 있는 것을 보았습니다. 흙은 흙으로 돌아가라는 말씀이 새삼스럽게 가슴에 와 닿습니다.

그러나 주님이 오시는 그 날에 그 한 줌 흙이 주님의 음성을 들을 수 있으며, 영생의 부활로 다시 산다는 말씀을 생각할 때 놀라지 않을 수 없습니다. 그것은 무에서 우주를 지으신 하나님의 전능의 능력인 것을 믿습니다.

그 증거로 죽은 야이로의 딸과 나인성 과부의 외아들과 나사로를 살리시고, 주께서도 죽으셨다가 삼일만에 살아나시고 사십일 동안 제자들에게 보여 주셨습니다. 그리고 그 부활체를 여러 번 보여주시고 많은 사람이 있는 데도 보여주시며, 기독교를 반대하던 사울에게도 보이시사 회개시키시고 구원하여 선교사가 되게 하셨습니다.

지금도 성령을 우리 마음에 부어 주시사 믿을 수 있도록 도우시고 계십니다. 영은 주 예수의 날을 기다리며 낙원에서 안식을 누리고 계실 것이 분명합니다. 그 날 생명의 부활로 부활하실 줄 믿으시기 바랍니다.

제3편 생일잔치

백일 / 돌 / 수연

세월이 흐르는 얼굴

당신의 얼굴에 세월이 흐릅니다
봄이 오래 머물더니
어언 여름도 가버리고
가을 바람이 붑니다
하얀 서릿발 머리에 내리고
눈동자가 빛을 잃고
눈가에 잔물결이 도둡니다
반짝이던 얼굴 깨어지고
이마에 글씨를 쓰집니다
혹이 풀벌레 소리가 들립니까
얼굴에서 발끝까지 살 녹이고
뼈 쪼개며
태풍처럼 모든 것을 앗아 가는 세월
당신의 몸에서 흐릅니다

Ⅰ. 백일잔치

1. 백일잔치 진행 요령

(1) 잔치의 의의

가냘픈 어린 생명이 백일을 무사히 자랐음을 축하하는 잔치다. 100일이 되도록 생명 지켜 주신 하나님께 감사하며, 생명의 신성성과 존엄성을 기억하여야 한다.

(2) 옷

아기에게 깨끗한 옷을 입힌다.

(3) 음식

백설기, 수수경단, 송편, 미역국, 나물, 해물, 육류 이 잔치에서 '백'자가 사용되는 백설기 떡을 차린다. 그리고 재난을 막는 상징적 의미로 수수경단을 사용한다.(유월절 양의 피의 유전인지 모르겠다). 떡을 이웃 백 집에 돌리어 기쁨을 알리는데 이 떡을 받으면 그릇을 그냥 보내지 않고 선물이나 돈을 약간 보내어 축하의 기쁨을 서로 나누었다.

(4) 축복 기도

어릴 때 축복은 그 일생의 키(열쇠)를 잡아 주는 것이다. 가족 친척의 친목을 한층 깊게 하여 친척간에 응결력과 활력을 불어넣어야 한다. 친척간에 마음이 엇갈린 사람도 초청하여 관계를 재정비할 필요가 있다.

2. 백일 감사 예배순

개식사 ·· **주례자**

하나님께서 ○○○ 어린이를 보내 주시고 백 날이 되도록 건
강히 자라게 하신 하나님께 감사합니다. 지금부터 ○○○어린이
백일 감사 예배를 드리겠습니다.

기도 ·· **맡은이**

생명의 근원이 되시는 하나님, 아버지께 영광과 찬양을 돌립니다. 지금부터 백일 전에 ○○○ 어린이를 이 가정에 태어나게 하시고, 지금까지 건강히 무럭무럭 자라나도록 은혜를 베풀어주시니 감사 드립니다.

지금 저희들이 ○○○ 어린이 백일 감사 예배를 드리오니 이 예배를 통하여 홀로 영광을 받아 주시옵소서. 이 어린이를 아버지께서 받으시사 더욱 건강하고 지혜롭고 믿음으로 자라게 하시고, 장차 하나님께서 크게 쓰시는 사람이 되도록 키워 주시옵소서.

이 어린이의 부모와 여기 축하하려 모인 모두에게 축복을 내려 주옵소서 주 예수 그리스도의 이름으로 기도 드립니다. 아멘

성경 봉독················누가복음 2장 40절················**주례자**

[40]아기가 자라며 강하여지고 지혜가 충족하며 하나님의 은혜가 그 위에 있더라

설교··················예수님처럼 자라라···················· **주례자**

광고 ··· **맡은이**

축복 기도 ········ (어린이 머리에 손을 얹고 기도)········ **주례자**

-ㄷ-

2부 잔치

* 어린이에게 촛불을 끄게 하고 축하 케이크는 어머니가 자른다

-ㄷ-

2. 백일 감사 예배 설교

예수님처럼 자라라

눅 2 : 40

아이가 자라며

아이가 출생하여 세월이 흘러도 성장하지 않고 그대로 있다면 부모로서 기막힌 일이 아닐 수 없을 것입니다. 이 아이가 예수님처럼 자라기를 바랍니다.

강하여지고

강하여졌다는 말씀은 단순히 몸의 강건 이상 인격적인 면까지를 다 포함한 것이라 생각됩니다. 자녀는 어릴 때 강하게 키워야 그 바탕 위에 큰 사람이 됩니다. 정신력도 강하게 성장하도록 부모는 도와야 합니다.

지혜가 충족하며

지혜가 충족되어 12세에 벌써 메시아 의식을 느꼈던 것입니다. 지혜는 하나님을 경외하는 것입니다. 부모들은 돈 잘 버는 기계로 자녀를 키우지 말고, 참된 삶을 살아가는 분별력 있는 사람으로 키워야 하겠습니다.

하나님의 은혜가 그 위에 있더라

예수님의 성장의 요인이 하나님의 은혜라는 것입니다. 어린이가 건강하고 강하고 지혜롭게 자라는 요인은 하나님 은혜입니다. 그러기에 부모는 자녀를 위하여 항상 기도하여야 합니다.

Ⅱ. 돌잔치

1. 돌잔치 진행 요령

어린이가 출생하여 만 1년 자라서 그 성장을 축하하는 잔치가 돌잔치다. 어린이가 첫 생일 잔치 상을 받는 것이다.

(1) 돌 옷

아들 : 연두 저고리, 보라 바지, 남 조끼, 색동 마고자, 색동두 루마기, 남색 괘자, 복건, 다홍 띠, 버선, 수주머니.

딸 : 노란 단속곳, 다홍치마, 노랑 저고리, 남색 괘자, 버선, 노리개, 주머니.

(2) 돌상

떡 류 : 대추와 밤이 섞인 백설기, 수수경단, 송편. 따로 담 기도 하지만 함께 듬뿍 담아도 상관없다.

과일류 : 사과와 배를 통째로 4개 위에 한 개 놓는다.

기 타 : 쌀, 실, 연필과 책, 활과 화살, 돈 등을 차려 놓고 돌 잡히 기를 한다. 미신에 빠지기 쉬우니까 하지 않음이 좋지만 재롱을 보려고 한다면 하여도 무방하다.

* 아이가 넘어져도 다치지 않도록 방석을 깔아 준다.
* 주례자 앞에 예배 상을 놓고 화병에 꽃을 꽂는다.
* 떡은 이웃과 친척에 빠짐없이 돌린다.
* 선물은 옷, 장난감, 은수저, 어린이 밥그릇, 돌 반지.

2. 돌 감사 예배순

개식사 ·· **주례자**

하나님께서 ○○○ 어린이를 이 가정에 태어나게 하시고 생명력이 가장 약한 태어난 지 일년이 되도록 건강히 자라게 하신 하나님께 감사하면서 지금부터 ○○○어린이 돌 감사 예배를 드리겠습니다.

기도 ·· **말은이**

생명의 근원이신 하나님, 일년 전에 ○○○ 어린이를 태어나게 하시고, 지금까지 건강히 자라나게 은혜를 베풀어주시니 감사 드립니다. 이 아이에게 은혜를 내리시사 건강하고 강하고 지혜롭게 자라게 하시고, 하나님과 사람에게 사랑을 듬뿍 받는 어린이가 되게 하소서. 그 부모가 기도하고 원하는 만큼 훌륭한 사람이 되도록 도와 주시옵고, 이 나라 이 사회에 유익한 인물, 교회에 중요한 인물이 되게 하소서. 머리가 되고 꼬리가 되지 않게 하소서. 하나님께서 능력의 손으로 붙드사 풍부한 삶을 살게 하시고, 남에게 은혜를 베풀고 꾸어 주며, 선을 푸는 사람이 되게 하소서. 이 어린이의 부모와 여기 축하하려 모인 모두에게 은혜를 내려 주옵소서. 우리 주 예수 그리스도의 이름으로 기도 드립니다. 아멘.

성경봉독··············시편 128 : 1 - 4 ···············**주례자**

¹여호와를 경외하며 그 도에 행하는 자마다 복이 있도다 ²네가 네 손이 수고한 대로 먹을 것이라 네가 복되고 형통하리로다 ³네 집 내실에 있는 네 아내는 결실한 포도나무 같으며 네 상에 둘린 자식은 어린 감람나무 같으리로다 4여호와를 경외하는 자는 이같이 복을 얻으리로다.

설교 ·················올리브나무의 햇순 ·················**주례자**
광고··· **주례자**
축복 기도 ·······(어린이 머리에 손을 얹고 축복) ········ **주례자**

╌╌╌╌╌╌╌╌╌╌╌╌╌╌╌╌╌╌╌╌╌╌╌╌╌╌╌

2부 잔치

* 어린이에게 촛불을 끄게 하고 축하 케이크는 어머니가 자른다. 돌잡히기는 재롱 보기로 한다.

╌╌╌╌╌╌╌╌╌╌╌╌╌╌╌╌╌╌╌╌╌╌╌╌╌╌╌

3. 돌 축하 예배 설교

올리브나무의 햇순

시 128 : 1-4

생명력이 넘치는 감람나무처럼

유대인에게 이런 말이 있습니다. "당대에 열매를 얻으려면 포도나무를 심고, 자식에게 물려주려면 무화과나무를 심고, 손자에게까지 물려주려면 감람나무를 심어라" 이만큼 감람나무는 귀한 나무입니다. 감람나무는 올리브나무입니다. 올리브나무의 햇순은 신선함과 활력, 건강하고 유쾌한 삶의 상징입니다. 올리브나무는 베어진다고 해도 베어진 그루터기에서 새로운 싹이 나옵니다. 부모들이 나이 들어 쇠퇴할지라도 그 자손들이 올리브나무 햇순처럼 자라나 그 가정의 혈통을 새롭게 유지합니다. 이 아이가 푸른 올리브나무처럼 자라 이 가문이 크게 빛나게 되기를 바랍니다.

평화와 승리와 축복의 감람나무처럼

감람나무는 평화와 승리의 상징입니다. 노아 홍수가 끝난 것을 비둘기가 노아에게 알려준 나뭇잎이 감람나무 잎이었습니다. 그리고 오리브나무는 척박한 땅에서도 잘 자라고 열매로 기름을 짜는데 식용으로, 등유용으로 약용으로도 쓰입니다. 한 나무에서 보통 20칼론의 기름을 낼 수 있기 때문에 축복의 상징으로도 사용됩니다. 이 아이가 올리브나무 햇순처럼 복 있는 사람이 되기 바랍니다. 물질적, 정신적, 사회적으로도 성공하여 세상을 밝히는 삶, 세상에 평화와 복을 주는 위대한 사람이 되기 바랍니다.

Ⅲ. 수연 잔치

1. 수연 잔치 진행 요령

수연은 장수를 축하하는 잔치인데 회갑, 진갑進甲, 고희古稀, 77세의 회수喜壽, 88세의 미수米壽 등이 있다. 그 중에 제일 먼저 맞는 수연은 회갑이다. 60주년이 되는 생일이다. 이 잔치는 명칭이 많다. 환갑還甲, 주갑周甲, 화갑華甲, 화갑花甲이라고도 한다. 여기에는 모든 수연 잔치를 이용할 수 있도록 기록하였다.

(1) 상차리기

* 이 잔치를 수연(壽宴), 잔치 자리를 수연(壽筵)이라고 한다.
* 베푸는 사람은 자녀나 제자들이 한다.
* 기본 음식(상 차리는 방법은 지방에 따라 다르다).

다식, 건과(밤, 대추, 곶감, 호도, 은행 등), 생과(사과, 배, 귤, 봉숭아), 유과(약과, 강정 등), 편, 어포, 육포, 적, 전, 떡(흰떡, 설기떡, 인절미, 송편), 조기, 홍어, 편육, 상어, 숭어, 식혜, 신설로, 면, 김치, 화채, 간장, 케이크, 음료수 등, 음식은 너무 격식에 얽매이지 말고 정성껏 마련하면 된다.

(2) 자리 배치

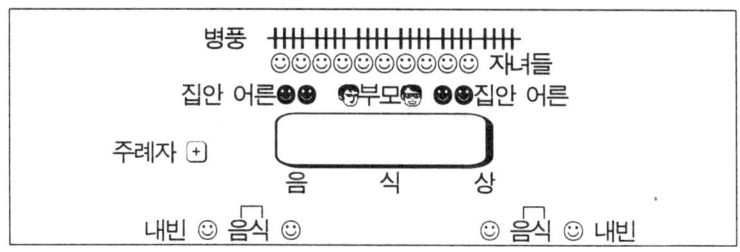

2. 수연 감사 예배순

개회사 .... **주례자**

두 어른이 입장하실 때 박수로 환영하시기 바랍니다. 두 분이 인사 드리겠습니다. 오늘 회갑(수연)을 맞게 하여 주신 하나님께 감사 드리는 회갑 축하 예배를 드리겠습니다.

기도 ··· **주례자**

　은혜가 풍성하신 하나님, ○○○님을 장수께 하사 자손들이 정성을 다하여 잔치를 배설하고 먼저 하나님께 감사 예배를 드리게 된 것을 감사 드립니다. 오늘 회갑(진갑, 고희등)을 맞은 ○○○님께 크신 은총을 내리시사 남은 여생도 하나님께 영광 돌리며 건강하고 행복하며 보람 있게 살도록 도와주옵소서. 오늘 정성을 다하여 잔치를 배설한 자손들에게도 큰복을 내리소서. 주 예수의 이름으로 기도합니다. 아멘.

성경 봉독··············시편 90장 10-12절··············**주례자**

　^{10}우리의 연수가 칠십이요 강건하면 팔십이라도 그 연수의 자랑은 수고와 슬픔 뿐이요 신속히 가니 우리가 날아가나이다 ^{11}누가 주의 노의 능력을 알며 누가 주를 두려워하여야 할 대로 주의 진노를 알리이까 ^{12}우리에게 우리 날 계수함을 가르치사 지혜의 마음을 얻게 하소서

설교 ···············날 계수함의 지혜··············· **주례자**

인사 및 광고 ····································· **주례자**

축도 ··· **주례자**

배 례

　예배를 끝낸 후에 자리를 정돈하고 차서에 따라 부모 앞에 있는 두 꽃병에 카네이션 꽃을 자녀는 세 송이, 손자는 두 송이, 기타는 한 송이씩 꽂고 절한다. 아들 딸 사위는 세 번씩, 동생, 조카, 손자는 한꺼번에 한 번 절을 한다.

　* 자녀 배례시 사회자는 세 번 절하는 이유를 설명한다,

　　첫 번째 절 - 길러 주신 은혜에 대한 감사의 절,
　　두 번째 절 - 불효 죄 참회의 절,
　　세 번째 절 - 효자 효녀가 되겠다는 결심의 절.

3. 수연 축하 예배 설교

날 계수의 지혜
시 90 : 10-12

○○○권사님께서 오늘 이렇게 복된 회갑(回甲)을 맞이하시게 되어 먼저 하나님께 영광을 돌리며 권사님과 그 자손 여러분께 축하를 드립니다. 흔히 61세를 환갑(還甲)이라고 합니다만 육갑(六甲)의 간지(干支)가 60년만에 돌아와 제 간지의 해로 생신을 맞는다는 뜻입니다. 오늘은 시편 90편 12절에 "우리에게 우리 날 계수함을 가르치사 지혜의 마음을 얻게 하소서"라고 한 말씀을 잠시 생각하면서 은혜를 나누고자 합니다.

지난날을 계수하는 지혜

성경 주석을 보면 인생의 날을 계수한다는 것은 날짜를 셈한다는 뜻이 아니라 삶의 의미를 깨닫는 것을 의미한다고 하였습니다. 삶의 근원적인 힘을 바로 깨닫는 것이 날 계수함의 지혜라는 것입니다. 여기에 대한 바른 지혜는 오늘 분문 시편 90편 1절에 있습니다. "주는 대대에 우리의 거처가 되셨나이다"라고 하였습니다. 우리 인생은 누구나 하나님의 은혜로, 하나님께서 공급하시는 힘으로 산다는 것입니다. 생명은 시간 속에 있으면서 시간을 떠난 영원한 것이요, 신비 속에 숨겨진 비밀이요, 하나님 속에 숨겨진 능력입니다. 쉽게 말하여서 인생의 삶의 근원이 하나님이시라는 것입니다. 이 것을 깨닫고 하나님께 감사하고 하나님께 영광 돌리는 소중한 권사님께서 이 되시기를 축원합니다.

앞날을 계수하는 지혜

미래적인 견지에서 본다면 앞으로 살 수(壽)를 미리 가르쳐 달라는 의미입니다. 누구나 미래의 수(壽)를 안다면 그 소중한 세월을 의미가 있게 살 것입니다. 보다 의미가 있고 충실한 삶을 마감하기 위하여 하나님의 뜻을 깨닫고 그 뜻대로 살기 위하여 힘 쓸 것입니다. 그래서 이 시편 90편 마지막 절에 "주 우리 하나님의 은총을 우리에게 임하게 하사 우리 손의 행사를 견고케 하소서, 우리 손의 행사를 견고케 하소서" 라고 거듭 기도를 하였습니다. 절대적인 믿음으로 주님의 뜻을 이룰 때 우리는 영원한 생명과 축복의 나라에 넉넉히 들어가 상 받을 것이 많을 것입니다.

부모님의 은혜의 날 계수하는 지혜

먼저 부모님들이 자손들 위해 살아오신 지난날의 날을 계수하여 봅시다. 시편 56편 8절에 "나의 눈물을 주의 병에 담으소서"라고 하였는데 권사님께서 자녀들을 양육하시느라고 흘린 눈물을 병에 담으면 몇 병이나 될지요! 자녀들을 위해 이토록 눈물과 땀을 많이 흘리시고 애를 쓰셔서 몸이 쇠약해지신 어머님을 위해 우리는 어떻게 보답해야 될까요? 에베소서 6장 1-3절에 주안에서 효를 다하면 첫째 잘 되고, 둘째 땅에서 장수한다고 하였습니다. 믿는 사람은 보약이 따로 없습니다. 효가 최고 보약입니다. 효는 관심에서 이뤄집니다. 효도는 물질의 봉양보다 더 소중한 것이 있습니다. 중심에서 우러나온 사랑의 효가 있어야 됩니다. 마음이 항상 ○권사님께 와 있어야 하겠습니다. 낙엽지근(壽落葉至根)이라는 말이 있습니다. 나뭇잎도 자기를 키워 준 나무 뿌리를 가을이면 떨어져 덮는다는 것입니다. 효로 자손들이 축복 받아 다 크게 성공하기를 축원합니다.

제4편 가택행사

기공 / 정초 / 상량 / 입주 / 개업

그대 얼굴

처음 볼 때 눈으로만 보던 얼굴
사귀면서 마음으로 보게 되었고
사랑하는 지금은
내 영혼 깊이에서 보네.

이른 새벽 하늘을 여는 그대 얼굴
그 투명한 깊이와 넓음에서
아침마다 밝은 해를 띄우고
진종일 푸르름을 견디네.

바람이 불면 구름이 일지만
그 구름 위에 고운 꽃수를 놓고
어둠이 덮이면 별을 쏟아내는 눈동자
그 별들 속에서
낙원의 꽃이 피는 것을 날마다 보네.

사랑으로 무르익은 내 영안에는
이제
그대의 흠도
늙음도 죽음도 보이지 않네

Ⅰ. 기공식

1. 집을 갖는다는 것은 소중하다

집에 관한 예식이 많다. 기공식에 정초식, 상량식에 완공식, 그리고 입주식이 있다. 왜 이렇게 많은가? 믿는 사람들은 목사님을 청하여 예배를 드리고 약간의 떡이나 음식을 장만하여 대접하면 그만이지만 불신자들은 집 하나 지으려면 상당히 복잡하다. 집을 짓는 자체도 엄청난 돈이 들고, 심혈을 기울여야 하지만, 풍수지리를 따라 집터를 잡고, 길일을 가려서 제사 드리고 돈을 걸며 상량을 올려야 하고, 입주할 때도 돼지머리를 놓고 고사를 지내고 일하는 사람과 마을 사람들을 흡족히 대접하여야 하니 말이다. 왜 이렇게 내가 내 집 짓는데 어려운가? 그것은 사람이 살아가는데 주(住)가 그토록 주요하기 때문이다. 생활의 삼대 요소 의식주(衣食住)중 바탕을 이루는 것이 주(住)이기 때문이다.

성경에도 집에 관한 말씀이 소중히 다루어졌다. 성전도 하나님의 집, 아버지의 집이라고 하고, 이스라엘 민족을 이스라엘 집 사람이라고 하였다. 천국도 즐겁고 아름다운 집으로 표현하였다. 성경에는 집, 거할 곳, 주택, 천막 등에 대해 상당히 많고, 중요하게 말씀되어 있다. 사람에게 집은 소중하다. 바로 거기에서 생명이 태어나고 자라며, 삶이 진행되고 사랑이 피어나고 익으며, 온갖 것을 부여받고 주며, 휴식과 원기 회복, 상처를 치료받는 곳, 어떤 실수도 포용되는 곳, 마음을 놓고 함께 웃고 함께 울 수 있는 곳, 늙어서도 천대받지 않고 위로 받으며 대우받는 곳, 언제든 임종할 수 있는 곳은 자기의 집뿐이다.

믿는 이는 그 집이 작은 성전이다. 거기서 신앙이 싹트고 자라며 생활로 신앙을 익혀 가서 아브라함 링컨, 요한 웨슬레 같은 위대한 신앙인이 나온다. 집이 소중하기에 집을 가진다는 것도 힘들고 복잡하고 어렵다는 것을 기억하여야 하겠다.

2. 기공식 진행 요령

기공식은 집을 지을 수 있도록 도우심의 감사와 잘 짓도록 도와 달라는 간구의 의미가 있고, 예배 후에 일하는 사람에게는 음식을 대접함으로 사기 진작과 격려, 이웃들의 협조를 구하는 의미가 있으며, 본인에게는 결단과 분발의 의미가 있을 것이다.

제 집을 갖는다는 것이 쉬운 일이 아니다. 제 주장으로, 제 설계대로 짓는다는 것은 얼마나 뿌듯한 일인가? 응당 하나님께 감사의 예배를 드려야 마땅하고, 그 집이 완성될 때까지 하나님께서 지켜 달라고 기도하여야 할 것이다.

그 집이 일시 살다가 교체할 아파트가 아니라 온 가족이 함께 대를 물려 가며 살집이라면 얼마나 소중한가! 집은 평생 한번 지을까 말까 한 것이니 조금 무리가 가더라도 제대로 짓는 것이 후회가 없을 것이다. 조금 빚을 지더라 짓고 살다 보면 갚을 길이 열리게 되어 있다. 건축 현장에 투시도 평면도를 세워 놓고 삽질할 흙을 모아, 네 기둥을 세우고 5색 테이프로 줄을 쳐 놓는다. 식순을 맡은 자들이 다 왔는가 확인하고 기공식을 시작한다. 예배 후 흰 장갑을 끼고 삽 뜨기를 하며, 가위로 테이프를 자르는데 0000년 0월 00일 ○○○ 주택기공식이라고 쓴 표지가 기입된 가위로 자르고, 기념으로 자른 이들에게 드린다.

3. 기공 예배순

개식사 ·· **주례자**

지금부터 이 집의 기공 예배를 드리겠습니다.

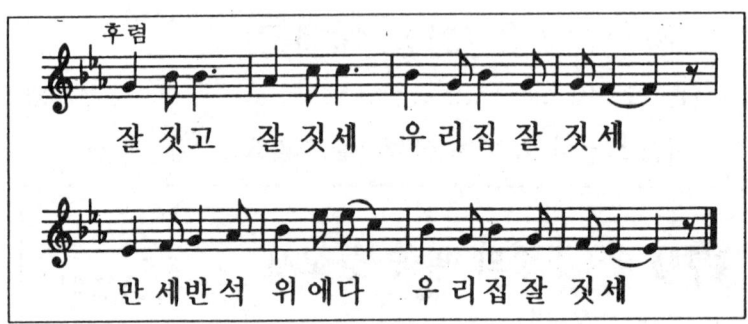

기도 ··· **맡은이**

모든 일을 뜻하시고 이루시는 하나님, 아버지의 깊은 사랑을 힘입어 이 집을 짓기 위하여 기공식을 하게 하심을 감사 드립니다. 이 일을 시작하면서 기뻐하면서도 걱정하는 연약한 우리 마음을 도와주시옵소서. 근심을 넘어 능력을 얻게 하시고, 좌절을 넘어 굳센 의지를 가지게 도와주소서. 어떠한 어려움이 올지라도 끝내 완공을 이루게 하소서. 그리스도의 이름으로 기도 드립니다. 아멘.

성경 봉독 ··········· 고린도 전서 3장 10-11절 ··········· **주례자**

[10]내게 주신 하나님의 은혜를 따라 내가 지혜로운 건축자와 같이 터를 닦아 두매 다른 이가 그 위에 세우나 그러나 각각 어떻게 그 위에 세우기를 조심할지니라 [11]이 닦아 둔 것 외에 능히 다른 터를 닦아 둘 자가 없으니 이 터는 곧 예수 그리스도라

축가 ··· **맡은이**

설교················· 가장 좋은 집터················**주례자**

건축개요 ··· **맡은이**

건축 시공자 소개 및 광고 ···························· **맡은이**

축도 ··· **주례자**

첫 삽질 ··· **맡은이**

1. 기공식 예배 설교

가장 좋은 터

고전 3 : 10-15

그리스도는 우리의 터

불신자들은 집을 짓는데 집터를 신중히 잡습니다. 그들은 그 집의 운세가 바로 거기에 있다고 믿기 때문입니다. 성도는 그렇게 미신적으로 믿지는 않지만 환경상 중요한 의미가 있는 것은 사실입니다. 일조면과 지하수 관계, 자연의 조화와 이웃 관계 등 중요하기는 합니다. 그러나 성도는 그보다도 더 중요한 것에 마음을 둡니다. 그것은 신앙적인 면입니다. 오늘 본문 11절에 "이 닦아 둔 것 외에 능히 다른 터를 닦아 둘 자가 없으니 이 터는 곧 예수 그리스도라"고 하셨습니다. 예수 그리스도만이 절대적인 터가 되시며 유일한 가정의 주인이라는 것입니다.

만세 반석 그리스도

오늘날에는 시멘트로 기초를 다지지만 옛날에는 건축을 하려면 기초를 세울 돌을 찾아야 했습니다. 네모 반듯한 반석을 찾으면 건축자는 이보다 다행이 없었습니다. 세계에서 가장 높은 빌딩들이 즐비한 도시는 해변 도시 뉴욕입니다. 도시 바닥에 수십 길 되는 깊은 반석이 깔려 있어 아무리 높은 집을 지어도 걱정이 없다고 합니다. 그러나 그 도시도 그 속에서 화산이 터지면 넘어질 것입니다. 영원히 흔들리지 않는 터는 예수 그리스도이십니다. 모든 것은 변하여도 그리스도는 변하지 않기 때문입니다. 이 집 이 가정은 그리스도 반석 위에 세우시기 바랍니다.

II. 정초식

1. 정초식 진행 요령

* 집의 기초 공사를 끝내고 머릿돌을 놓는 예식이다.
* 어떠한 어려움 속에서 밀고 나가겠다는 결단이다.
* 하나님께 집을 지을 수 있게 하신 은혜를 감사한다.
* 집을 무사히 완성하도록 도와주기를 기도한다.
* 집을 짓기 시작하는 기점을 삼는데 이 식이 필요하다
* 수고한 이들의 노고를 치하하고 격려한다.

* 머릿돌에 조각할 성경 구절

> 머릿돌
> 이 터는 곧 그리스도라 (고전 3:11)
> 주후 2004년 3월 15일 定礎

머릿돌 안에는 가족 명단, 사진, 그 날 신문, 시공자, 가훈 가까운 10대조부터의 족보 복사한 것 등을 비닐에 싸서 넣을 것이다. 방수 장치가 잘 되어야 오래 간다. 머릿돌은 정초식을 거행하기 전에 건물 앞쪽 오른편 단 위에 놓고 흰 보자기로 덮어둔다.

사회자는 머릿돌 옆에 서고 회중은 건물을 향해 선다. 그리고 예배를 드린 후 보자기를 걷고 머릿돌을 앉힌다.

정초식 예배순

개식사 ·· **주례자**

지금부터 이 집을 든든히 세워 주시고 지켜 주시기를 기원하며 머릿돌을 세우는 정초식 예배를 시작하겠습니다.

시온의 영광이 빛나는 아침 248

토머스 헤이스팅스 작사
로웰 메이슨 작곡
(사 60:1)
조금 빠르게 ♩=100

1.시 온의 영광이 빛나는 아 침
2.시 온의 영광이 빛나는 아 침
3.보 아라 광야에 화초가 피 고
4.땅 들아 바다야 많은 섬 들아

어 둡던 이 땅이 밝아 오 네
매 였던 종 들이 돌아 오 네
말 랐던 시 냇물 흘러 오 네
찬 양을 주 님께 드리어 라

슬 픔과 애통이 기쁨이 되 니
오 래전 선지자 꿈꾸던 복 을
이 산과 저산이 마주쳐 울 려
싸 움과 죄악의 참혹한 땅 에

시 온의영광이 비쳐오 네
만 민이다같이 누리겠 네
주 예수은총을 찬송하 네
찬 송이하늘에 사무치 네 아 멘

기도 ·· **맡은이**

전능하신 하나님, 이 집의 머릿돌을 얹게 됨을 감사합니다. 우리들이 드리는 이 정초 예배를 받아 주시옵소서, 이 집을 지어 이 가정이 안정을 누리고 든든히 서서 주님을 주인으로 모시고 감사와 영광을 돌리게 하소서. 이 집이 선을 베풀고 복음을 전하는 전초지가 되게 하소서. 주 예수 그리스도의 이름으로 기도 립니다. 아멘.

성경 봉독 ··········· 시편 118편 22-25절 ··········· **주례자**

²²건축자의 버린 돌이 집 모퉁이의 머릿돌이 되었나니 ²³이는 여호와의 행하신 것이요 우리 눈에 기이한 바로다 ²⁴이 날은 여호와의 정하신 것이라 이 날에 우리가 즐거워하고 기뻐하리로다 ²⁵여호와여 구하옵나니 이제 구원하소서 여호와여 우리가 구하옵나니 이제 형통케 하소서.

설교 ············· 머릿돌 되신 그리스도 ············· 주례자
정초 ·· 주례자

머릿돌 속에 넣을 것을 넣고 선언한다.

> 성부와 성자와 성령의 이름으로 이 기초 위에 머릿돌을 두노라. 예수 그리스도께서 우리 믿는 이들의 반석이 되신 것처럼 이 기초가 반석이 될지니라. 아멘.

건축 공사 설명 ································ 집주인
축도 ·· 주례자

2. 정초식 예배 설교

머릿돌 되신 그리스도

시 118 : 22-23

베드로전서 2장 7-8절에는 "그러므로 믿는 너희에게는 보배, 모퉁이의 머릿돌이 되니라"고 기록하였습니다.

요긴한 머릿돌

6-7에 "이 돌을 요긴한 모퉁이 머릿돌"이라 하였습니다. 돌집에는 모퉁이의 머릿돌이 중요합니다. 모퉁이 돌을 바로 잡지 못하면 집 전체가 뒤틀려 돌아가기 때문입니다. 또 모퉁이 돌은 건물 이쪽 면과 저쪽 면을 이어주는 연결의 역할을 합니다. 또 양편에서 돌을 쌓아 올리다가 맨 마지막 한 중앙에 삼각형 돌을 쐐기 모양의 맞물림으로 양편의 돌을 균형 있게 만드는 역할을 하였습니다. 이것이 바로 머릿돌이자 모퉁이 돌인 것입니다.

성도의 머릿돌 그리스도

그리스도께서 요긴한 모퉁이 돌 즉 머릿돌이 되셨다고 함은 예수 그리스도께서 십자가를 지심으로 말미암아 하나님과 죄인인 우리 인간의 연결점이 되시고, 인간들이 뒤틀려 돌아가지 않도록 조절하여 주는 머릿돌이라는 것입니다. 오늘 우리는 이 집에 머릿돌을 그리스도 이름으로 세우려고 모였습니다. 오늘부터 이 집을 조정하시고 붙들어 주시는 분, 하나님과 연결하여 주시는 분이 오직 예수 그리스도이신 줄 믿고 든든히 서시기를 바랍니다.

Ⅲ. 상량식

1. 상량식 진행 요령

상량의 '樑'자는 들보량자로 대들보라는 뜻이며, 상의 '上'자는 오를상, 즉 상량이란 들보를 올린다는 뜻이다. 한옥을 주로 짓던 옛날에는 상량은 참으로 중요하였다. 그 집이 완공 단계에 들어간다는 의미로서도 중요하지만 그 집 지붕을 버티어 주는 중요한 역할을 하는 보를 올리기 때문이다. 집을 짓는 데 어느 부분이라고 중요하지 않은 곳이 없지만 들보는 그 지붕의 모든 것을 견디어 주는 역할을 하는 것으로 가장 좋은 목재를 사용하였다.. 그 집이 든든하려면 보가 든든하여야 하기 때문이다. 집의 중점이라고 할 수 있다. 그것으로 그 집을 평가한다고 하여도 과언이 아니다.

옛날부터 그 들보에 상량 날짜를 쓰기도 하지만 복을 기원하는 글을 써서 그 집이 있는 한 보관하였다. 보는 목수가 올리는데 주인은 돈을 걸고 음식을 대접하여 치하한다. 들보가 없는 슬라브 집은 형식으로 만들어 상량식을 진행한다. 마룻대에 광목 베로 양쪽을 묶어 두 사람이 위에서 들어 올린다.

* 들보에 기록하는 글

龍 二千四年 三月 十五日 立柱 上樑 龜	應天上之五光 備地上之五福
주후 0000년 0월 00일 입주 상량	민 6 : 24-26
주후 0000년 0월 00일 입주 상량	시 104 : 1-5
소망 주후0000년 0월 00일 입주 상량	믿음 사랑

상량식 예배순

묵도 ··· 다함께

이제 묵도함으로 이 상량식 예배를 드리겠습니다.

500 주 음성 외에는
(요 15:5)

에니 훅스 작사
로버트 로우리 작곡

1. 주 음 성외에 는 더 기 쁨없도 다
2. 나 주 께왔으 니 복 주 시옵소 서
3. 주 떠 나가시 면 내 생 명헛되 네
4. 그 귀 한언약 을 이 루 어주시 고

날 사 랑하신 주 늘 계 시옵소 서
주 함 께계시 면 큰 시 험이기 네
즐 겁 고슬플 때 늘 계 시옵소 서
주 명 령따를 때 늘 계 시옵소 서

후렴

기 쁘 고기쁘 도 다 항 상기쁘 도 다

나 주 께왔사 오니복 주 옵소 서 아 멘

기도 ·· **맡은이**

은혜로우신 하나님 아버지, 그 동안 정성껏 지은 이 집을 상량하게 하시니 감사합니다. 대들보가 없으면 집이 이뤄질 수 없듯이 하나님께서 이 가정과 함께 하시지 아니하시면 이 가정이 설 수 없나이다. 아버지의 오른손과 팔과 얼굴빛으로 영원히 이 가정을 비추어 주시고, 이 가정의 대들보가 되시사 지켜 주옵소서. 주는 영원한 이 가정의 왕이시며 주인이시나이다. 우리는 당신을 모시어 평안을 얻고, 당신의 명령에 복종하여 행복을 얻겠나이다. 이 가정을 언제나 축복하시고, 도와 주시옵소서. 주 예수의 이름으로 기도 드립니다. 아멘.

성경봉독 ···············시편 104편 1-5절·················**주례자**

[1]내 영혼아 여호와를 송축하라 여호와 나의 하나님이여 주는 심히 광대하시며 존귀와 권위를 입으셨나이다 [2]주께서 옷을 입음같이 빛을 입으시며 하늘을 휘장같이 치시며 [3]물에 자기 누각의 들보를 얹으시며 구름으로 자기 수레를 삼으시고 바람 날개로 다니시며 [4]바람으로 자기 사자를 삼으시며 화염으로 자기 사역자를 삼으시며 [5]땅의 기초를 두사 영원히 요동치 않게 하셨나이다.

설교 ···················들보를 얹으시는 하나님 ··············· **주례자**

축도 ·· **주례자**

╬╬╬╬╬╬╬╬╬╬╬╬╬╬╬╬╬╬╬╬╬╬╬╬╬╬╬╬╬╬╬

들보가 없는 현대 건물은 들보를 상징하는 각재를 알맞게 다듬어서 끈으로 끌어올리는 형식을 취한다.

건축에 종사하는 사람에게 노고를 치하한다.

╬╬╬╬╬╬╬╬╬╬╬╬╬╬╬╬╬╬╬╬╬╬╬╬╬╬╬╬╬╬╬

2. 상량 예배 설교

들보를 얹으시는 하나님

시 104 : 1-5

오늘 말씀 중에 물 누각에 들보를 얹으시는 하나님의 상량 역사를 생각해 보며 은혜를 나누고자 합니다.

우주 위에 들보를 얹으시는 하나님

여기 물은 창세기 1장 7절에 하나님이 나누신 궁창의 위의 물을 말씀함입니다. 이 말은 히브리어로 '위층 방'이라는 뜻으로 하나님께서 우주를 창조하실 때도 이 우주의 대들보를 얹으셨다고 시적으로 표현하였습니다. 세상에 이 우주 만한 집이 어디 있겠습니까? 우주는 그 넓이가 200억 광년이라는 말이 있는데 말입니다. 일초에 지구를 일곱 바퀴 반 도는 태양 빛으로 200억 년을 쉬지 않고 달리는 거리가 200억 광년입니다. 그렇게 큰 우주를 만드신 하나님께서 그 우주에 들보를 얹으셨다는 것은 놀라운 표현이 아닐 수 없습니다.

들보를 얹으시는 하나님

들보는 집 구조물의 상부의 무게를 지탱하여 주는 횡목입니다. 건축물에 절대적인 역할을 합니다. 한옥에는 들보가 없으면 지붕을 올릴 수 없습니다. 지붕의 모든 서까래가 여기에 얹혀 지붕을 구성합니다. 그래서 들보는 집과 운명을 함께 합니다. 들보가 있는 한 그 집은 든든합니다. 이 우주 누각에 들보를 얹으시는 위대하신 하나님께서 이 집에도 든든한 들보를 얹어 주실 줄 믿습니다. 요동이 없는 들보를 얹어 주시기를 바랍니다.

IV. 입주식

1. 입주식 진행 요령

* 공공 건물이라면 집을 완공하여 준공 검사를 끝내고 준공식을 하지만 가정집은 준공식은 하지 않고 입주 예배를 드리면 된다. 입주 예배가 준공식인 셈이다. 그래서 가정 예식 가이드인 이 책에는 준공식은 기재되어 있지 않지만 준공식을 꼭 해야 된다면 이 대목을 조금 고쳐 사용하면 된다.
* 이 식은 건축 완공을 하나님께 감사하고, 일한 사람에게는 치하하고, 이웃과 친척과 친구들과 교우들에게 알리는 의미가 있다.
* 새 집에서 평안하고 복된 생활을 기원하는 의미도 있다.
* 예배 후 만찬을 나누며 이웃과 친교한다.
* 이날 참석 못한 이웃에게는 떡을 보내는 것이 예의다.
* 집 현관에 오색 테이프를 쳐 놓고 테이프 자르고 폭죽을 터뜨리는 행사로 시작하는 것이 기쁨을 더하게 할 것이다.
* 테이프 자르는 가위에 200○년 ○월 ○일 ○○○주택 준공이라고 기입하여 테이프를 자른 분에게 선물한다.
* 개인 집이니 만큼 시공 대표에게 감사패보다는 선물을 드리는 것이 좋을 것이다.
* 서양 사람은 예배당 준공식에도 음식은 간단히 커피(음료수)와 비스킷밖에 없다. 한국 잔치는 너무 번거롭다. 그리고 남는 것이 더 많다. 이런 입주식에는 간단한 음식에 떡을 준비함이 좋을 것이다.

입주 예배순

개식사 ··· **주례자**

입주하는 은혜를 감사 드리며, 새 집에서의 새 삶을 기원하는 입주 예배를 드리겠습니다.

복의 근원 강림하사

28

로버트 로빈슨 작사
미국 전통 가락

(삼상 7:12)

보통으로 ♩=92

1. 복의 근원 강림 하사 찬송 하게하소 서
2. 주의 크신 도움 받아 이때 까지왔으 니
3. 주의 귀한 은혜 받고 일생 빚진자되 네

한량 없이 자비 하심 측량 할길 없도 다
이와 같이 천국 에도 이르 기를 바라 네
주의 은혜 사슬 되사 나를 주께 매소 서

천사 들의찬송 가 로나를 가르치소 서
하나 님의품을 떠 나죄에 빠진우리 를
우리 맘은연약 하 여범죄 하기쉬우 니

구속 하신그사 랑을항상 찬송합니 다
예수 구원하시 려고보혈 흘려주셨 네
하나 님이받으 시고천국 인을치소 서 아 멘

기도 ·· **맡은이**

　은혜로우신 하나님, 아버지의 도우심을 힘입어 이 집을 완공되어 입주케 됨을 감사 드립니다. 이 일을 위하여 수고한 모든 분에게 은혜와 복을 내려 주시옵소서. 이제 이 집의 주인이 하나님께서 되어서 제반사를 주장하여 주시고, 홀로 영광을 받아 주시옵소서. 환난과 시련과 질병을 막아 주시고, 비록 어떠한 어려움이 닥쳐도 강한 믿음으로 이기도록 도와 주시옵소서. 새 집을 가졌으니 새 마음도 가지게 하시고, 새 생활도 실천하도록 도와 주옵소서. 화목하고 단결되며 경건한 가정이 되게 하옵소서, 예수님의 이름으로 기도 드립니다. 아멘.

성경봉독 ··········· 신명기 28장 1-6절 ············· **주례자**

　^{1}네가 네 하나님 여호와의 말씀을 삼가 듣고 내가 오늘날 네게 명하는 그 모든 명령을 지켜 행하면 네 하나님 여호와께서 너를 세계 모든 민족 위에 뛰어나게 하실 것이라 ^{2}네가 네 하나님 여호와의 말씀을 순종하면 이 모든 복이 네게 임하며 네게 미치리니 ^{3}성읍에서도 복을 받고 들에서도 복을 받을 것이며 ^{4}네 몸의 소생과 네 토지의 소산과 네 짐승의 새끼와 우양의 새끼가 복을 받을 것이며 ^{5}네 광주리와 떡반죽 그릇이 복을 받을 것이며 ^{6}네가 들어와도 복을 받고 나가도 복을 받을 것이니라

설교 ··············· 말씀을 삼가 듣고 ···············**주례자**

경과보고 ··· **집주인**

인사와 광고 ······································**맡은이**

축도 ··· **주례자**

*　예배 후에 집 내용을 공개한다.

2. 입주 예배 설교

복의 근원 강림하사
신 28 : 1-6

복은 구함보다 삶의 결과

본문 1절 말씀은 복(福)은 구한다고 주시는 것이 아니라 구하지 않더라도 하나님께서 복 받을 짓을 하는 이에게 복을 주신다는 말씀입니다.

하나님 앞에 무릎을 꿇는 마음

하나님의 말씀을 삼가 듣고 그 명령을 행하면 복 받을 것이라는 것은 복 받을 자의 마음의 지적한 것입니다. 말씀을 듣고 행하는 것은 하나의 결과이고 그 행동보다 중요한 것은 그 행동을 유발한 마음의 상황입니다. 복의 원어 베라카는 '무릎을 꿇다'라는 뜻인데 겸손히 하나님 앞에 무릎을 꿇는 그 마음이 바로 복을 받게 한다는 것입니다.

하나님을 주로 모시는 사람

"네가 말씀을 삼가 듣고"의 듣고는 '주의하여 성실하게 경청한다'는 뜻입니다. 복의 근원이신 하나님을 모심이 곧 복이라는 것입니다. 이런 관점에서 진정 우리가 추구해야 할 복은 하나님을 자신의 하나님으로 섬기는 길밖에 다른 도리가 없는 것입니다. 입주 예배를 맞은 이 가정은 하나님을 이 집의 주인으로 제대로 모신다면 복은 저절로 부어지게 되어 있습니다.

V. 개업식

1. 그리스천의 사업관

기독교인들은 사업관을 좁은 의미의 육체적 노동만을 생각거나 생계 유지에 필요한 돈을 얻기 위한 수단으로만 생각지 않는다. 하나님의 효과적인 부르심으로 우리의 재능에 따라 일하게 하신다고 본다. 성직만이 아니라 모든 일이 거룩한 소명으로 그 사업이 있다고 본다. 루터는 소명을 수도원에서 시장으로 가져왔다는 프레스톤의 논증이 아니라도 사업을 소명의 맥락에서 받아들이고, 하나님을 기쁘시게 하는 몸의 산 제사로 본다. 하나님과의 수직적인 관점에서 자기 사업을 본다는 것 이상 소중한 일이 없다. 여기서 비로소 사업의 진정한 가치관이 생기고, 참으로 보람을 찾게 되며, 성공의 길도 열릴 것이다.

섬김의 원어 디아코니아는 준비·직무·구제·부조의 말인데 주로 사람들에게 봉사하는 뜻이다. 섬김이란 하나님을 향하여 예배하는 일이나 성전에서 봉사하는 일이나 사람을 향하여 구제하고 돕는 일이 다 같은 하나님을 섬기는 일임을 뜻하고 있다.

교회의 모든 직분이 섬김의 직분인 것처럼 사업도 일종 섬김의 직분임을 잊지 말아야 한다. 교회 직분은 돈을 쓰면서 봉사하는 직분이라면 사업은 돈을 벌면서 섬기는 직분이라 하겠다. 그러기에 사업에 양심적이고 신앙이어야 한다. 봉사는 성도의 삶에 본질이며 사명이다. 그것은 그리스도의 자취를 따라가는 후회 없이 사는 삶이며, 영원하고 참 가치 있는 영적인 하나님의 보상을 바라는 최선의 삶임을 늘 잊어서는 안 된다.

개업식 예배순

개식사 ·· 주례자
신앙고백 ·······················(사도신경)·················다함께

기도 ·· **맡은이**

　우리의 힘이신 하나님, 늘 도와주심을 감사 드립니다. 우리는 이 시간 새롭게 시작하는 ○○○ 집사님의 사업을 위하여 개업 예배를 드리고자 합니다. 아버지께서 세우지 아니하시면 세우는 자의 수고가 헛된 줄 알기에 주께 이 사업을 믿음으로 맡기나이다. 하나님께서 영광을 받아 주시옵소서. 다만 청지기로서 충성을 다하도록 건강과 지혜를 주시고, 범사가 잘되는 축복도 부어 주시옵소서, 성실하고 능력 있는 청지기가 되게 하옵소서. 시작은 미약하여도 나중은 창대하게 하여 주실 줄 믿사옵고 우리 주 예수 그리스도의 이름으로 기도 드립니다. 아멘.

성경봉독 ············ 베드로전서 4장 10-11절 ················ **주례자**

　[7]만물의 마지막이 가까웠으니 그러므로 너희는 정신을 차리고 근신하여 기도하라 [8]무엇보다도 열심으로 서로 사랑할지니 사랑은 허다한 죄를 덮느니라 [9]서로 대접하기를 원망 없이 하고 [10]각각 은사를 받은 대로 하나님의 각양 은혜를 맡은 선한 청지기같이 서로 봉사하라 [11]만일 누가 말하려면 하나님의 말씀을 하는 것같이 하고 누가 봉사하려면 하나님의 공급하시는 힘으로 하는 것같이 하라 이는 범사에 예수 그리스도로 말미암아 하나님이 영광을 받으시게 하려 함이니 그에게 영광과 권능이 세세에 무궁토록 있느니라 아멘

축가 ·· **맡은자**

설교 ·· **주례자**

축도 ·· **주례자**

2. 개업식 예배 설교

하나님의 공급하시는 힘

벧전 4 : 10-11

10절은 성도의 사업 정신입니다

"선한 청지기같이 서로 봉사하라"고 하였습니다. 이 청지기라는 뜻은 관리자, 보관자, 직무를 수행하는 자라는 뜻입니다. 성도는 세상을 관리하고 보존할 책임을 맡은 청지기라는 것입니다. 그 사명의 견지로 일터에 보내심을 받은 것이며, 우리의 몸과 시간, 재물, 재주 등은 하나님께서 우리에게 맡기신 소임을 다하라고 주신 것입니다. 성도는 세상 사람들처럼 먹기 위해서나 돈을 버는 데에 사업 초점을 맞추지 않고, 하나님께 맞춥니다. 성도가 사업을 열심히 하는 것은 그것이 하나님을 섬기는 일이기 때문입니다. 자기 사업이 바로 하나님 나라 일임을 믿기에 그 사업에 대해 경외감을 가지고, 책임감을 강하게 느끼며, 즐거운 뜻으로 일합니다.

11절은 사업 방법입니다

하나님의 공급하시는 힘으로 하라는 것입니다. 성도는 자기가 약한 것도 알고, 무지한 것도 알며, 또한 하나님의 능력도 알고, 하나님의 무궁한 지혜도 알며, 하나님의 풍부하심도 알기에 자기의 것을 버리고 하나님의 공급하시는 힘으로 일하기를 바랍니다. 인간의 유한 속에 하나님의 무한을 받아 가지고 일한다는 것입니다. 신앙적인 위인들이 다 그렇게 살아 그 놀라운 일들을 이루었습니다. 그렇게 사업을 하시기 바랍니다.

제5편 명절행사

민속절 / 추석절

-!-!-!-!-!-!-!-!-!-!-!-!-!-!-!-!-!-!-

물결 이는 까닭

헐떡거리며 달려오는 바다 치맛자락에
힘없이 끌려가는 자태를 보면서
물결 이는 까닭을 생각하였습니다

밀리고 쏠리어
달 모양으로 몸이 다듬어지면서
물결 지속의 까닭을 생각하였습니다

당신 앞에 나는
눈도 귀도 입도 없고
나를 위해서는 손도 발도 없는 돌

깨어지고 부닥치고 갈리면서
빛으로 깨어나는 살갗을 보면서
물결 거세던 까닭을 생각하였습니다

이제 적료한 밤
물결소리 아득히 멀어져 가고
달빛 아래 은모래 톱에 누워
물결 일던 그 날의 까닭을 되새겨 봅니다

Ⅰ. 민속절

1. 민속절의 의미

설은 새해 정월 초하룻날을 가리킨다. 본디는 "섧"다는 뜻에서 온 것으로 일년을 잘 지낼 수 있도록 자기 자신을 슬프게 하며 삼가는 날이라는 뜻이다. 섣달 그믐밤에는 온 집을 불 밝히고, 밤을 새워 지난 한 해를 반성하고, 설이 되면 정월 대보름까지 출입을 금하고 근신하며 경건히 지내고, 대보름날은 온 마을이 합심하여 일년의 무사를 기원하는 산제를 드렸다.

하나님을 모르던 시대라 하늘과 가장 가까운 산정에 올라가 천지 신명에게 제사를 드린 것이었다. 하루가 그 아침에 있고, 일년이 원단에 있다는 속담도 있듯 설날을 경건히 지내야 하겠다.

하나님을 믿는 우리는 하나님께 먼저 예배드리고, 성묘도 가며, 어른들에게 세배를 드려야 하겠다. 세배풍습이 자꾸 사라져 가는 것은 슬픈 일이다.

원단인 만큼 하나님께 일년을 다 맡긴다는 믿음으로 예배를 드리며, 지난날을 다 잊어버리고, 새 출발을 한다는 마음으로 예배를 드려야 하겠다. 가정 화목을 위하여 예배 후 장만한 음식을 나누어 먹고, 부모님과 수고한 분들에게 박수를 쳐주고, 웃어른과 친척을 찾아가 세배를 드리고 민속놀이에 참여하여야 한다.

2. 민속절 예배순

개식사 ·· **주례자**

지난 해 베풀어주신 은혜에 감사하고, 오는 한 해의 축복을 기원하며, 새 삶을 결심하는 민속절 예배드리겠습니다.

성시교독·················67 신년예배·····················**다함께**

기도 ······································· **맡은이**

시간을 주장하시는 하나님, 지난 해 베풀어주신 은혜와 새 일을 이룩하시기 위한 설날을 주신 하나님께 감사 드립니다. 민속절을 맞아 아버지의 뜻과 우리 조상들의 슬기로움을 더 깊이 알게 하시고, 금년에도 우리 가족 중에 아버지께 영광이 될 새 일들, 유익하고 위대한 일들을 많이 할 수 있도록 우리 가족에게 은혜와 능력을 부어 주시옵소서. 행동을 통해 성취하고, 신앙을 통해 승리하는 한 해가 되게 하옵소서. 예수 그리스도의 이름으로 기도 드립니다.

성경봉독 ·············· 신명기 32장 7-10절 ················ **주례자**

[7]옛날을 기억하라 역대의 연대를 생각하라. 네 아비에게 물으라 그가 네게 설명할 것이요 네 어른들에게 물으라 그들이 네게 이르리로다 [8]지극히 높으신 자가 열국의 기업을 주실 때 인종을 분정하실 때에 이스라엘 자손의 수효대로 민족들의 경계를 정하셨도다 [9]여호와의 분깃은 자기 백성이라 야곱은 그 택하신 기업이로다 [10]여호와께서 그를 황무지에서, 짐승의 부르짖는 광야에서 만나시고 호위하시며 보호하시며 자기 눈동자같이 지키셨도다.

설교 ················ 민속절의 환희 ····················· **주례자**

기도 ······································· **설교자**

주기도 ······································ **주례자**

ㅓㅣㅓㅣㅓㅣㅓㅣㅓㅣㅓㅣㅓㅣㅓㅣㅓㅣㅓㅣㅓㅣㅓㅣㅓㅣㅓㅣㅓㅣㅓㅣㅓㅣ

예배 후 곧 헤어지지 말고 정담을 나눌 것이다. 그렇지 못하면 분주 중에 서로의 안부도 모르고 다시 헤어진다.

ㅓㅣㅓㅣㅓㅣㅓㅣㅓㅣㅓㅣㅓㅣㅓㅣㅓㅣㅓㅣㅓㅣㅓㅣㅓㅣㅓㅣㅓㅣㅓㅣㅓㅣ

3. 민속절 설교

민속절의 환희

신 32 : 7-10

민속절은 귀향의 명절입니다

우리 민족은 설이면 고향을 찾아 대 이동합니다. 설은 이 땅이 몸살을 앓습니다. 우리 가족도 고향을 찾아오느라고 고생하였습니다. 수고하였습니다. 반갑습니다.

왜 사람들은 고향을 찾습니까? 잃어버린 그 무엇을 향하여 굶주린 사람처럼 왜 고향을 갈망합니까? 인간의 마음속에 있는 향수의 본질을 전도서 3장 11절에는 하나님께서 심어주신 영원을 사모하는 마음이라 하였습니다. 그러므로 영원한 본향을 찾았다는 확신을 가질 때에 인간은 비로소 고향을 그리워하는 향수를 충족시킬 수 있고, 포근하고 아늑한 안식을 체험할 수 있을 것입니다.

성도는 본향이 바로 하늘나라, 곧 하나님의 품이란 사실을 깨달은 사람들입니다(히 11: 14-16). 우리의 육체는 흙에서 왔지만 우리의 영혼은 하나님께로서 왔습니다. 그러므로 인간의 참 고향은 하나님 나라며 하나님의 품입니다. 고향에 돌아가면 객지 생활에서 어떻게 살았는가를 부모 앞에서 판단을 받는 기회가 됩니다. 성공했으면 영광이 있고 실패하면 부끄러움이 있습니다. 이 세상의 나그네 생활을 마치고 하나님 앞에 설 때도 마찬가지일 것입니다. 부끄럼 없도록 최선을 다해 믿음을 지키며, 거룩하고 참되고 바르게 주의 일에 힘써야 하겠습니다. 우리가 고향을 찾아오듯이 우리의 영원한 고향을 찾아가는 준비가 필요합니다.

민속절은 효의 명절입니다

설은 효의 절기입니다. 효란 부모를 잘 섬기는 도리를 말합니다. 설은 부모를 찾아 세배하고 조상에게 차례를 지내는 「효의 절기」입니다. 효는 우리나라에 이어온 윤리의 근간이요, 모든 덕의 근본이라고 하겠습니다. 사람이 이 세상에 태어나서 제일 먼저 인연을 맺는 관계는 조상과 부모와의 관계입니다. 그러기에 성경에서도 십계명에 하나님 다음으로 부모에 관한 계명이 나오고 있습니다.

효는 하나님의 명령입니다. 그것도 중요한 명령이기 때문에 복을 약속하고 있습니다. 그래서 사도 바울은 이 계명을 "잘되고 땅에서 장수하는 약속 있는 첫 계명(엡6:1-6)"이라고 말씀하였습니다. 효도는 상대가 아니요 절대이어야 되며, 존경과 감사에 서야 합니다. 정과 성을 다할 때 공경이 되며, 하나님도 감응하십니다. 효는 인간 천성의 구현이요, 인간만의 선입니다. 효의 전통을 이어주는 효의 절기에 그 정신을 재무장합시다.

민속절은 소원을 기원하는 명절입니다

설날이면 "새해 복 많이 받으세요"라고 인사로서 복을 빕니다. 복은 복의 근원이신 하나님이 주시는 줄 믿으시기 바랍니다. 시편 37편 4절에 "여호와를 기뻐하라 저가 네 마음의 소원을 이루어 주시리로다"라고 말씀하였습니다.

우리 가족이 소원 성취하려면 하나님의 말씀대로 살아야 합니다. 불평을 감사로 바꾸고, 무슨 일에든지 성실히 합시다. 끝까지 참고 믿음으로만 나갑시다. 그러면 마침내 소원이 이루어질 것입니다. 더 나은 고향을 생각하는 민속절, 효를 다하는 민속절! 참으로 소원을 성취할 수 있는 복된 민속절이 되게 합시다. 민속절도 믿음으로 바로 지키는 성도가 됩시다.

Ⅱ. 추석절

1. 추석절의 의의

추석은 음력으로 8월 15일을 한가위라고 일컫는 명절로서 신라 시대의 가배절에서 유래되었다고 한다. 기후가 서늘하고, 햇곡식과 햇과일이 풍성하여 그것으로 음식을 만들어 차례도 지내고 먹으면서 온갖 유희를 하면서 즐겼다.

가윗날의 기원을 보면 〈삼국사기〉에 유리 왕 때 6부의 여자들을 둘로 편을 갈라서 두 궁녀가 거느리고 7월 기말부터 매일 뜰에 모여서 밤늦도록 길쌈을 하게 해서 8월 보름날에 결과를 가리는데 진 편이 이긴 편에게 음식을 대접하고 회소곡이라는 노래와 춤을 추며 놀았는데 이를 가배라고 불렀다고 한다. 1940년경만 하여도 영남에는 이 풍습이 농촌에는 남아 있었다. 여름이면 무리를 지어 모여 집을 돌아다니며 두레삼을 밤새워 삼았다.

추석은 씨름, 소싸움, 줄다리기, 춤추기 등 민속놀이가 많았다. 추석은 또 하늘이 맑고 달이 아름다워 달구경을 하는 날이기도 하다. 그래서 송편을 해먹으면서 명절로 지켰다. 추석날 빠트릴 수 없는 행사가 성묘다. 이 때 묘의 잡초를 깎는 것을 벌초라고 한다. 그것이 불신앙의 바탕에서 제례로 왔기에 우리 신앙에 어긋나는 것이지 그 효사상은 가장 아름답고 성경적이다. 그 효성은 대를 이어 전하여야 되리라 믿는다. 조상들의 생애와 업적을 기리면서 훌륭한 자손으로 대를 이을 것을 다짐하고, 자손들로서 조상의 묘를 알아두고 보살피는 것은 미풍이다. 지금은 흩어져 사는 관계로 1년 일차 성묘예배가 없다면 묘도 잃어버릴 것이며, 효(孝)사상도 사라지고 친척끼리도 화목이 깨져 갈 것이 분명하다.

2. 추석절 예배순

개식사 ·· 주례자

추석절을 맞이하여 하나님의 은혜를 감사하고, 조상들의 은덕을 기리며 기쁨으로 하나님께 예배드립시다.

지금까지 지내 온 것 460

(롬 8:28)

1. 지금 까지 지 내 온 것 주의 크신은 혜 라
2. 몸도 맘도 연 약 하나 새 힘 받아 살 았 네
3. 주님 다시 뵈 올 날이 날로 날로 다 가 와

한이 없는주 의 사랑 어찌 이 루 말 하 라
물붓 듯이 부으 시는주의 은 혜족 하 다
무거 운 짐주 께 맡겨 벗을 날 도 멀 잖 네

자나 깨나주 의 손 이 항상 살 펴주 시 고
사랑 없는거 리 에 나 험한 산 길해 맬 때
나를 위해 예 비하 신고 향 집 에 돌 아 가

모든 일을주 안 에 서 형통 하 게하 시 네
주 의손을굳 게잡 고 찬송 하 며가 리 라
아버지의품 안 에 서 영원 토록 살 리 라

기도 ·· **맡은이**

은혜로우신 하나님, 올해도 이 기쁘고 즐거운 추석절을 우리에게 허락하여 주심을 감사 드립니다.

우리 가족 모두가 객지나 고향에서 믿음을 지켜 각자의 사명을 잘 감당하고 건강한 몸으로 귀향하여 다시 이렇게 모일 수 있게 하셨사오니 참으로 감사합니다.

다시금 오곡백과가 무르익어 첫 열매를 하나님께 드리고, 햇곡식으로 송편을 빚고 밥을 지어 온 식구가 추수의 기쁨을 누리게 하시니 감사합니다.

우리에게 좋은 조상을 주시고, 전통과 유전을 이어 갈 수 있게 도와 두셔서 감사합니다. 우리가 항상 하나님 앞에나 조상들과 이웃들에게 부끄럽지 않은 후손이 되도록 언제나 도와주소서. 우리 가족이 언제나 단결되고 화목한 가정이 되어 믿는 가정의 본을 보이게 도우소서. 저 하늘나라도 이렇게 기쁘게 귀향하도록 도와주소서. 주 예수의 이름으로 기도 드립니다. 아멘.

성경봉독 ···············에스겔서 20장 40절 ············· **주례자**

⁴⁰나 주 여호와가 말하노라 이스라엘 온 족속이 그 땅에 있어서 내 거룩한 산 곧 이스라엘의 높은 산에서 다 나를 섬기리니 거기서 내가 그들을 기쁘게 받을지라 거기서 너희 예물과 너희 헌신하는 첫 열매와 너희 모든 성물을 요구하리라

설교 ···················추석절의 의의···················· **주례자**

기도 ·· **설교자**

주기도 ·· **다함께**

☒ 예배 후 서로 대담을 가져 화목을 꽃피우도록 한다 ☒

3. 추석절 설교

추석절의 의의

겔 20 : 40

추석절은 감사하는 절기입니다

햅쌀로 술과 떡을 빚고 갖가지 음식과 과일을 갖추어 조상에 차례를 지내고 산소에 찾아가 성묘를 합니다. 하나님을 모르던 시절에는 조상들이 그렇게 할 수밖에 없었습니다.

조상을 신으로 숭배하던 잘못된 풍습은 시정하고 우리의 역사적 전통과 문화의 좋은 점은 살려가야 하겠습니다.

추석엔 고향의 부모 형제를 찾아뵙고, 조상에 대한 고마움과 효심은 신앙의 바탕 위에서 실천해야 하겠습니다. 하나님과 조상과 부모 형제에 대한 감사의 절기로 추석을 지내야 하겠습니다.

추석절은 근농절입니다

추석은 〈삼국사기〉에 유리 왕 때 6부의 여자들을 둘로 편을 갈라서 두 궁녀가 거느리고 7월 기말부터 매일 뜰에 모여서 밤 늦도록 길쌈을 하게 해서 8월 보름날에 결과를 가리는데 진 편이 이긴 편에게 음식을 장만하여 대접하고 회소곡이라는 노래와 춤을 추며 놀았는데 이를 가배라고 불렀다고 합니다.

여기에서 우리들 조상의 지혜를 볼 수 있습니다. 근농의 정신을 심던 신라의 지혜를 배웁시다. 사회가 건강하고 행복한 사회가 되려면 가정들이 건강해야 하고, 노동정신이 충만해야 합니다.

추석절은 자연 사랑 절입니다

추석절은 낮에는 여러 가지 경기와 유희로 즐기고, 밤에는 달의 정취에 힘껏 취하였습니다. 자연이 오염되고 훼손되는 이 때에 아름다운 자연 사랑의 그 정신이 회복되어야 한다고 생각됩니다. 자연이 죽으면 모든 생명이 죽습니다.

그런데 오염으로 인해 인간과 땅이 병들어 가고 인간이 죄악으로 인해 땅을 다스릴 주권을 잃어 가고 있습니다. 아직도 인간은 창조자의 통치를 배제한 인간 중심의 자연 정책으로 자연은 오염되고 생태계는 질서가 파괴되고 있습니다. 그러므로 하나님의 자녀인 우리가 하나님의 뜻을 받들어 지구의 청지기로 책임을 다함으로써 모든 것을 살리는 사명이 있는 것입니다.

부 록

ㅡㅡㅡㅡㅡㅡㅡㅡㅡㅡㅡ

✿ 교회력 해설

1. 교회력의 의의
2. 교회력의 종류
   1) 대림절
   2) 성탄절
   3) 주현절
   4) 사순절
   5) 부활절
   6) 성령강림절
   7) 창조절
3. 교회력에 따른 색깔

✿ 예식에 필요한 서식

1. 결혼 주례 청원서
2. 결혼 청첩장
3. 결혼 축하 봉투
4. 결혼 후 감사편지
5. 수연 초청장
6. 수연 축하 봉투
7. 부고
8. 장례식 집례 청원서
9. 부조 봉투
10. 장례 후 감사 편지

✿ 현대 예식 용어 풀이 ↔ 색인
✿ 설교 찾아보기

☆ 교회력 해설

1. 교회력의 의의

역사는 경험의 명확한 기록이며, 볼 눈과 귀를 가진 사람에게 언제나 무한의 진리를 계시하여 주는 예언서다. 교회력은 그런 역사적인 의미를 지녔다.

구약의 절기는 유월절, 칠칠절, 나팔절, 초막절, 수장절 등이 있었는데 주로 이스라엘 역사적 절기로 그들이 거국적으로 지켜서 신앙적으로, 민족적으로 큰 힘을 얻었다. 그러나 구약 절기는 예수 그리스도의 그림자였기에 주님께서 이 땅에 오심으로 끝났다. 기독교에서는 성경과 그리스도의 생애를 근거로 새 교회력과 절기를 만들게 되었다. 그리스도의 생애의 역사적 사건들을 배열하여 만든 교회력은 초대 교회 때부터 현재에 이르기까지 계속 발달되어 온 문화 유산인데 신앙 생활에 필요한 것이다.

교회력에 따라 교회 행사를 행하고, 그 절기를 따라 성경을 읽는 것은 말씀을 종합적으로 이해하고, 신앙의 고른 성장을 위하여 꼭 필요하다. 그리고 예배에 있어서 복음 선포가 단순히 설교의 사건으로만 이룩되는 것이 아니라 예배 의식을 통하여 깊은 의미를 알게 된다는 점에 비추어 볼 때, 교회력을 알고 지키는 것은 기독교인으로서 중요한 과제인 것이다.

이 교회력은 하나님의 구속사를 기억하고 회상하는 의미와 계획적이고 규칙적이며 꾸준한 경건생활의 훈련을 위하여서나, 바른 예배 생활을 위한 예배의 주제를 설정하는 데에 소중한 역할을 한다. 생명 역사가 위축되지 않도록 생동적으로 활용한다면 교회력은 여러 면으로 우리들에게 큰 도움을 준다.

2. 교회력의 종류

(1) 대림절(待臨節 Advent)

이 절기를 지키게 된 것은 주후 5세기경이다. 어드벤트의 "내려오다"라는 어의와 같이 그리스도의 초림을 기념하며 현존하시고 재림하실 주님을 맞는 기다림을 준비하는 절기다. 처음에는 이 절기에 결혼을 금하고, 성직자들은 금식하도록 법으로 정하였다. 절기의 의미는 성자 육신 강림을 밝히 전하고, 우리 삶 속에 임재하시는 그리스도를 정성껏 모심과 재림의 주를 기다리며 준비한다는 의미가 있다.

(2) 성탄절(聖誕節 Christmas)

4세기에 이르러서 12월 25일을 정하였고, 그리스도의 탄생일로 지키게 되었다. 하나님의 아들이시며, 우리의 구세주이신 예수 그리스도께서 이 땅의 주권자, 평화의 왕으로 오심을 기념하는 날이다. 하나님의 구원의 약속이 실현되었고, 생명의 빛이 되시는 예수님께서 이 세상에 오심을 알리는 절기다. 성탄절의 진정한 의미는 단순한 아기 예수의 영접이 아니고, 우리를 찾아오신 주님을 영접하며 감사하는 절기다.

(3) 주현절(主顯節 Epiphany)

주현절은 현현절이라고도 하는데 그리스도께서 나타나심을 기념하는 절기인데 1월 6일부터 약 8주간이다. 이 기간은 부활절이 언제 시작되느냐에 따라 그 기간이 길어지거나 줄어들 수 있는데, 이는 부활절이 음력으로 정해지기 때문이다. 그리스도께서 이 세상에 하나님과 구세주로 나타나셔서 빛으로 동방 박사를 인도하여 주심과 같이 우리들도 인도하여 주심을 강조하고, 교회의 선교적 사명을 강조하는 절기다.

(4) 사순절(四旬節 Lent)

사순절의 순(旬)은 열흘순자로 열흘을 말하는 것으로 사순절은 사십이라는 뜻이다. 헬라어로는 테사라코스테($\tau\epsilon\sigma\alpha\rho\alpha\kappa\sigma\sigma\tau\dot{\eta}$), 영어로 렌트(Lent)인데 그 기간은 부활절을 맞기 위하여 준비하는 40일 동안 회개와 영적 준비를 하는 주간이다.

이때에는 많은 교회들이 금식 혹은 기도 기간을 설정하여 깨끗한 분위기 속에 부활절을 맞으려고 노력한다. 사순절은 성회수요일에 시작하여 부활절까지 주일을 제외한 40일간이다. 주일을 제외하는 것은 주일은 주님의 부활을 축하하는 날이기 때문이다. 사순절의 마지막 주는 고난주간으로 주께서 예루살렘에 입성하시는 종려주일부터 고난받으시고 십자가 위에서 돌아가시는 성금요일이 이 주간에 들어 있다.

사순절이 40일간의 기간으로 확립되기까지는 오랜 세월 변천한 결과로 되었다. 원래 1세기에는 사순절이 단 40시간이었다. 예수님께서 그 육체가 무덤 속에 묻혀 있던 40시간을 지키는 데에 의미가 있었다. 2, 3세기까지는 대체로 2, 3일을 초과하지 않았다. 그러던 것이 3세기에는 6일간이 되었다가 40일의 용어인 사순절이 기록으로 나타난 것은 AD 325년 니케아 교회법 5조에서였다. 니케아 회의 이후 사순절이 비로소 사순절답게 지키도록 전 교회에 교회법으로 선포되었다.

초기의 수세기는 금식의 준수가 엄격하였고, 9세기 이후 문화생활에 밀리어 차차 금식이 완화되었다. 준비되지 않은 심령은 하나님이 주시는 십자가의 은총과 부활의 은총을 받을 수 없다.

이 두 사건을 복음이라고 하는데 기독교에 있어서 가장 중요한 사건이다. 첫날인 성회 수요일은 속죄일이다. 속죄일이란 명칭의 유래는 1099년 교황 우르반 2세가 명명한 것인데 이 날에는 회개와 참회를 하는 날로 제정하였다. 오늘날까지도 카톨릭 신자들은 재의 수요일에 모여 죄를 용서받는 표로써 이마에 재를 찍어 바른다. 중요한 것은 사순절이 회개와 참회의 기간 영적 훈련기간 주 고난에 참례하는 기간이라는 것이다.

(5) 부활절(復活節 Easter)

주후 325년 니케아에서 교회의 대표들이 모여 "매년 춘분이 지난 만월 후 첫 주일"을 부활절로 지키기로 정하였다. 부활절은 약 50일간 지킨다. 절기 중 가장 즐거운 축제일로 초대 교회 때부터 성대하고 뜻 있게 지내 오고 있다. 그리스도가 부활하심으로 그의 죽음이 비극이 아니라 승리임을 보여주신 날이다. 그리스도의 승리는 모든 크리스천의 승리이기에 참 기쁨과 확신을 가지고 축하하여야 한다. 그리스도의 부활은 그리스도가 참된 하나님이라는 증거이며, 장차 우리도 그리스도와 같이 부활할 것이라는 희망을 가지게 하는 것이다.

(6) 성령강림절(聖靈降臨節 Pentecost)

이 말은 50일이라는 뜻으로 부활절로부터 50일째 되는 날로 그리스도께서 약속하신 성령이 교회에 보내신 것을 축하하는 절기다. 성령은 강림하사 모든 성도의 심령에 임재하시고, 성도를 거듭나게 하고, 구원을 성취하게 하며, 복음을 증거하도록 한다. 성령강림절은 직접적으로 교회 탄생을 기념하는 절기로 의미가 깊다. 그리고 성령강림의 의미는 복음 전파와 관련된 선교의 차원에서 중요하다. 성령강림으로 말미암아 제자들이 비로소 복음의 기쁨과 선교의 의미를 발견하고 선교의 사명을 느껴 세계를 향해 그 불길을 들었기 때문이다.

(7) 창조절(創造節 Creationtide)

JPIC(정의 · 질서 · 창조 · 평화의 보전)가 21세기를 맞이하는 지구 공동체의 신앙적 과제로 고백되면서 삼위일체 중심의 교회력의 중요성이 부각되었다. 그래서 성부의 절기라 할 수 있는 창조절이 9월 첫째 주일부터 대림절 직전까지 지켜지게 되었다. 창조절에는 창조 세계를 아름답게 가꾸어 가시는 하나님의 섭리 · 생명 · 환경문제 · 불의에 대항하는 정의 · 물질 제일주의의 현 사회 문제, 하나님의 법과 뜻 등을 생각한다.

3. 교회력에 따른 의식 색깔

교회력에 따른 색깔은 네 색깔이다. 강당용 깃발의 색이나 목사나 성가대 스톨 색채로 사용한다.

보라색-대림절, 사순절에 사용한다

　　　(왕, 위엄, 존엄, 엄숙을 나타낸다).

흰　색-성탄절, 주현절, 성목요일, 부활절에 사용한다.

　　　(축제, 기쁨, 빛, 즐거움, 만찬, 희생, 성결, 사랑)

　　　이 색은 결혼식에도 사용한다.

적　색-성령강림절에 사용한다.

　　　(보혈, 희생, 수난, 승리, 성령의 상징)

　　　이 색은 장례 추모 예배에 사용한다.

녹　색-창조절에 사용한다.

　　　(영원 · 소망 · 신선함 · 성장 · 희망 · 행복 · 생명)

교회력 일람표

절기명칭	기 간	내 용	색 깔
대 림 절	성탄일전 4주	주 오심의 준비	보 라
성 탄 절	성탄일-1월 5일	주의 탄생 축하	흰 색
주현(현현)절	1월 6일-성회수요일	주께서 나타나심	흰 색
사 순 절	성회수요일-주일을 제외한 40일 동안	주 고난의 동참	보 라
부 활 절	부활절-50일	주 부활의 기쁨	흰 색
성령강림절	오순절-9월말	성령 임재를 기도	붉은 색
창조(왕국)절	10일 첫 주-대림절	창조질서의 보존	초 록

부활 주일표

2004년 4월 11일 / 2005년 3월 27일 / 2006년 4월 16일

2007년 4월 8일 / 2008년 3월 23일 / 2009년 4월 12일

결혼 주례 청원서

결혼 주례 청원서

저희들은 하나님의 뜻 안에서 결혼하기로 합의하였기에 저희들을 사랑하시는 마음으로 주례하여 주시기를 바랍니다.

때: 20 년 월 일 오(전, 후) 시 분
곳: ○○교회 예배당

20   년   월   일

신랑: 인
신부: 인

○○교회 당회장 귀하

결혼 청첩장

삼가 알립니다

평소 저희를 아끼고 보살펴 주시던 여러 어른들과 친지 분들을 모시옵고, 믿음과 사랑의 보금자리를 마련코자 하오니 오셔서 축복하여 주시면 더 없는 기쁨과 격려가 되겠습니다.

황 금 찬 장로
　　　　　　의 장남 바라
김 보 라 권사
　　　　　　　　　　　올　　림
송 진 섭 선생
　　　　　　의 삼녀 꽃순
박 장 미 여사

일시: 200 년 0월 00일(토요일) 오후 0시 00분
장소: 서울 크리스천 웨딩홀 3층 (장미실)
　　　　　　☎ (00) 000-0000

당일 오전 0시 정각 ○○역 광장에서 관광버스 출발
*예식장 약도

결혼 후 감사 편지

감사합니다

다망하신 중에서도 저희들의 결혼식에 오셔서 식전
을 빛내 주시고, 복을 빌어 주셨음을 감사 드립니다.
앞으로도 끊임없이 사랑으로 지도하여 주시기를 바랍
니다. 하나님의 축복이 늘 함께 하시기를 기원합니
다.

0000년 0월 00일

○○시 ○○동 00번지

☎ 000-0000번

 올림

귀하

수연 초청장

삼가 알려 드립니다

저의 아버님의 회갑이 새달 ○일이옵기로 약소하지만 자리를 마련하여 초청하오니 바쁘시겠지만 오셔서 자리를 빛내 주시기를 바랍니다.

일시:　년　월　일　시
장소:　시　동　번지 자택

0000년 0월 00일

○○○ 올림

귀하

경조 봉투

결혼 축하 봉투

<u>봉투 전면</u>
축 성혼(祝 聖婚) / 축 화혼(祝 華婚) / 축 성전(祝 聖典)등

<u>봉투 후면</u>   000 근정(謹呈)

수연 축하 봉투

수의(壽儀), 축 수연(祝 壽宴), 축 회갑(祝 回甲)
축 환갑(祝 還甲), 축 경의(慶儀), 축 희연(祝 禧筵)
삼가 수연을 축하하오며 만수무강하시기를 기원합니다.

봉투 후면   ○○○ 근정(謹呈)

부조 봉투

賻儀(부의) - 부조의 예의라는 뜻.
謹弔(근조) - 삼가 조상한다는 뜻
弔意(조의) - 조상의 예의라는 뜻

○○시 ○○동 ○○○ 謹賻(근부)

부고

삼가 알려 드립니다.

영진의 대인 김경준 성도께서 2004년 8월 4 일 오전 4시(음 7월 1일)에 하나님의 부르심을 입어 주님 앞으로 가셨기에 알려 드립니다.

발인일시: 0000년 0월 0일 오전 0시 0분
발인장소: ○○군 ○○면 ○○리   자택
장   지: ○○군 ○○면 ○○리 선영하
집   례: ○○○ 목사

아   들: ○○
손   자: ○○
사   위: ○○○
친족대표: ○○○

호   상: ○○○

연락 전화: (000) 000-0000

망인이 주상의 부친이면 대인, 모친이면 대부인, 조부면 왕대인, 조모면 왕대인, 남편이면 부군, 처면 부인, 기타는 보통 명칭으로 쓴다.

장례식 집례 청원서

장례식 집례 청원서

별세자면: ○○○
별세원인: (병 / 사고)-
별세일시: 200 년 월 일 오(전.후) 시
별세장소:

영생의 희망을 안고 이 세상을 떠난 ○○○씨의
장례식을 집례하여 주시기 바랍니다.

집례일시: 200 년 월 일 오전 시 분
집례장소:

200 년 월 일

청원인: ○○○ 인

○○ 교회 당회장 귀하

장례 후 감사 편지

감사합니다.

　이번 저희 선친(고 ○○○장로)의 장례에 공사 다망하신 데도 왕림하셔서 베풀어주신 사랑은 저희 가족에게 큰 위로와 힘이 되었습니다. 깊은 감사를 드립니다. 황망중이오라 일일이 찾아뵙지 못함을 죄송스럽게 생각하오며 우선 서면으로 인사를 드립니다. 변함 없는 사랑을 바랍니다. 내내 귀하와 귀 가정에 하나님의 충만한 은혜가 함께 하시기를 기원합니다.

주후 0000년 0월 00일

嗣子 ○○○ 올림

귀하

註: 嗣子(사자) - 대를 이을 아들

현대예식용어 풀이 ↔ 색인

* 숫자는 본문 중에 단어가 있는 페이지로 색인 역할로도 인용
  하도록 편집되었음.

⁂ 가

ₓ*ₓ 사

⁑ 차

⁑ 타

⁑ 하

설교 찾아보기

상례에 인용할 성구

1. 임종예배

(욥 19:25-26) 내가 알기에는 나의 구속자가 살아 계시니 후
일에 그가 땅 위에 서실 것이라 나의 이 가죽,
이것이 썩은 후에 내가 육체 밖에서 하나님을
보리라.

(계 14:13)　 또 내가 들으니 하늘에서 음성이 나서 가로되
기록하라 지금 이후로 주 안에서 죽는 자들은
복이 있도다 하시매 성령이 가라사대 그러하
다 저희 수고를 그치고 쉬리니 이는 저희의 행
한 일이 따름이라 하시더라.

(살전 4:14-17) 우리가 예수의 죽었다가 다시 사심을 믿을진
대 이와 같이 예수 안에서 자는 자들도 하나
님이 저와 함께 데리고 오시리라 우리가 주의
말씀으로 너희에게 이것을 말하노니 주 강림
하실 때까지 우리 살아 남아 있는 자도 자는
자보다 결단코 앞서지 못하리라 주께서 호령
과 천사장의 소리와 하나님의 나팔로 친히 하
늘로 좇아 강림하시리니 그리스도 안에서 죽
은 자들이 먼저 일어나고 그 후에 우리 살아
남은 자도 저희와 함께 구름 속으로 끌어올려

공중에서 주를 영접하게 하시리니 그리하여
우리가 항상 주와 함께 있으리라.

(벧전 1:3)   찬송하리로다 우리 주 예수 그리스도의 아버지
하나님이 그 많으신 긍휼대로 예수 그리스도의
죽은 자 가운데서 부활하심으로 말미암아 우리
를 거듭나게 하사 산 소망이 있게 하시며 썩지
않고 더럽지 않고 쇠하지 아니하는 기업을 잇
게 하시나니 곧 너희를 위하여 하늘에 간직하
신 것이라

(요 14:19)   조금 있으면 세상은 다시 나를 보지 못할 터이
로되 너희는 나를 보리니 이는 내가 살았고 너
희도 살겠음이라

(계 1:17-18) 내가 볼 때에 그 발 앞에 엎드려져 죽은 자같이
되매 그가 오른손을 내게 얹고 가라사대 두려
워 말라 나는 처음이요 나중이니 곧 산 자라 내
가 전에 죽었었노라 볼지어다 이제 세세토록
살아 있어 사망과 음부의 열쇠를 가졌노니

(계 12:6)   또 내게 말씀하시되 이루었도다 나는 알파와 오
메가요 처음과 나중이니 내가 생명수 샘물로 목
마른 자에게 값없이 주리니

2. 입관예배

(창 50:24-26) 요셉이 그 형제에게 이르되 나는 죽으나 하나

님이 너희를 권고하시고 너희를 이 땅에서 인도하여 내사 아브라함과 이삭과 야곱에게 맹세하신 땅에 이르게 하시리라 하고 요셉이 또 이스라엘 자손에게 맹세시켜 이르기를 하나님이 정녕 너희를 권고하시리니 너희는 여기서 내 해골을 메고 올라가겠다 하라 하였더라 요셉이 일백십 세에 죽으매 그들이 그의 몸에 향 재료를 넣고 애굽에서 입관하였더라

(시 90:3-10) 주께서 사람을 티끌로 돌아가게 하시고 말씀하시기를 너희 인생들은 돌아가라 하셨사오니, 주의 목전에는 천 년이 지나간 어제 같으며 밤의 한 경점 같을 뿐임이니이다 주께서 저희를 홍수처럼 쓸어 가시나이다 저희는 잠깐 자는 것 같으며 아침에 돋는 풀 같으니이다 풀은 아침에 꽃이 피어 자라다가 저녁에는 벤바 되어 마르나이다 우리는 주의 노에 소멸되며 주의 분내심에 놀라나이다 주께서 우리의 죄악을 주의 앞에 놓으시며 우리의 은밀한 죄를 주의 얼굴 빛 가운데 두셨사오니 우리의 모든 날이 주의 분노 중에 지나가며 우리의 평생이 일식간에 다하였나이다 우리의 연수가 칠십이요 강건하면 팔십이라도 그 연수의 자랑은 수고와 슬픔뿐이요 신속히 가니 우리가 날아가나이다

(시 116:12-16) 여호와께서 내게 주신 모든 은혜를 무엇으로

보답할꼬, 내가 구원의 잔을 들고 여호와의 이름을 부르며 여호와의 모든 백성 앞에서 나의 서원을 여호와께 갚으리로다 성도의 죽는 것을 여호와께서 귀중히 보시는도다 여호와여 나는 진실로 주의 종이요 주의 여종의 아들 곧 주의 종이라 주께서 나의 결박을 푸셨나이다.

(사 57:1-2) 의인이 죽을지라도 마음에 두는 자가 없고 자비한 자들이 취하여 감을 입을지라도 그 의인은 화액 전에 취하여 감을 입은 것인 줄로 깨닫는 자가 없도다 그는 평안에 들어갔나니 무릇 정로로 행하는 자는 자기들의 침상에서 편히 쉬느니라

(요 5:24-29) 내가 진실로 진실로 너희에게 이르노니 내 말을 듣고 또 나 보내신 이를 믿는 자는 영생을 얻었고 심판에 이르지 아니하나니 사망에서 생명으로 옮겼느니라 진실로 진실로 너희에게 이르노니 죽은 자들이 하나님의 아들의 음성을 들을 때가 오나니 곧 이 때라 듣는 자는 살아나리라 아버지께서 자기 속에 생명이 있음같이 아들에게도 생명을 주어 그 속에 있게 하셨고 또 인자 됨을 인하여 심판하는 권세를 주셨느니라 이를 기이히 여기지 말라 무덤 속에 있는 자가 다 그의 음성을 들을 때가 오나니 선한 일을 행한 자는 생명의 부활로 악한 일을 행한 자

는 심판의 부활로 나오리라

(요 19:40) 이에 예수의 시체를 가져다가 유대인의 장례법대
로 그 향품과 함께 세마포로 쌌더라

(살전 4:13-18) 형제들아 자는 자들에 관하여는 너희가 알지
못함을 우리가 원치 아니 하노니 이는 소망 없
는 다른 이와 같이 슬퍼하지 않게 하려 함이라
우리가 예수의 죽었다가 다시 사심을 믿을진대
이와 같이 예수 안에서 자는 자들도 하나님이
저와 함께 더리고 오시리라 우리가 주의 말씀
으로 너희에게 이것을 말하노니 주 강림하실
때까지 우리 살아 남아 있는 자도 자는 자보다
결단코 앞서지 못하리라 주께서 호령과 천사장
의 소리와 하나님의 나팔로 친히 하늘로 좇아
강림하시리니 그리스도 안에서 죽은 자들이 먼
저 일어나고 그 후에 우리 살아 남은 자도 저희
와 함께 구름 속으로 끌어올려 공중에서 주를
영접하게 하시리니 그리하여 우리가 항상 주와
함께 있으리라 그러므로 이 여러 말로 서로 위
로하라

(창 15:15) 너는 장수하다가 평안히 조상에게로 돌아가 장사
될 것이요

(히 11:16) 저희가 이제는 더 나은 본향을 사모하니 곧 하늘
에 있는 것이라 그러므로 하나님이 저희 하나
님이라 일컬음 받으심을 부끄러워 아니하시고

저희를 위하여 한 성을 예비하셨느니라

(벧전 1:24) 그러므로 모든 육체는 풀과 같고 그 모든 영광이 풀의 꽃과 같으니 풀은 마르고 꽃은 떨어지되

(계 14:13) 또 내가 들으니 하늘에서 음성이 나서 가로되 기록하라 지금 이후로 주 안에서 죽은 자들은 복이 있도다 하시매 성령이 가라사대 그러하다 저희 수고를 그치고 쉬리니 이는 저희의 행한 일이 따름이라 하시더라

3. 발인예배

(창 47:9) 야곱이 바로에게 고하되 내 나그네길의 세월이 일백삼십 년이니이다 나의 연세가 얼마 못 되니 우리 조상의 나그네길의 세월에 미치지 못하나 험악한 세월을 보내었나이다 하고

(욥 14:1-6) 여인에게서 난 사람은 사는 날이 적고 괴로움이 가득하여 그 발생함이 꽃과 같아서 쇠하여지고 그림자같이 신속하여서 머물지 아니하거늘 이와 같은 자를 주께서 눈을 들어 살피시나이까 나를 주의 앞으로 이끌어서 심문하시나이까 누가 깨끗한 것을 더러운 것 가운데서 낼 수 있으리이까 하나도 없나이다 그 날을 정하셨고 그 달수도 주께 있으므로 그 제한을 정하여 넘어가지 못하게 하셨사온즉 그에게서 눈

을 돌이켜 그로 쉬게 하사 품꾼같이 그 날을
미치게 하옵소서

(사 40:6-8) 말하는 자의 소리여 가로되 외치라 대답하되 내
가 무엇이라 외치리이이까 가로되 모든 육체
는 풀이요 그 모든 아름다움은 들의 꽃 같으니
풀은 마르고 꽃은 시듦은 여호와의 기운이 그
위에 붊이라 이 백성은 실로 풀이로다 풀은 마
르고 꽃은 시드나 우리 하나님의 말씀은 영영
히 서리라 하라

(요 11:25-26) 예수께서 가라사대 나는 부활이요 생명이니
나를 믿는 자는 죽어도 살겠고 무릇 살아서 나
를 믿는 자는 영원히 죽지 아니하리니 이것을
네가 믿느냐

(고전 15:42-44) 죽은 자의 부활도 이와 같으니 썩을 것으로
심고 썩지 아니할 것으로 다시 살며 욕된 것으
로 심고 영광스러운 것으로 다시 살며 약한 것
으로 심고 강한 것으로 다시 살며 육의 몸으로
심고 신령한 몸으로 다시 사나니 육의 몸이 있
은즉 또 신령한 몸이 있느니라

(살전 4:13-18) 형제들아 자는 자들에 관하여는 너희가 알지
못함을 우리가 원치 아니하노니 이는 소망 없
는 다른 이와 같이 슬퍼하지 않게 하려 함이라
우리가 예수의 죽었다가 다시 사심을 믿을진대
이와 같이 예수 안에서 자는 자들도 하나님이

저와 함께 데리고 오시리라 우리가 주의 말씀
으로 너희에게 이것을 말하노니 주 강림하실
때까지 우리 살아 남아 있는 자도 자는 자보다
결단코 앞서지 못하리라 주께서 호령과 천사장
의 소리와 하나님의 나팔로 친히 하늘로 좇아
강림하시리니 그리스도 안에서 죽은 자들이 먼
저 일어나고 그 후에 우리 살아 남은 자도 저희
와 함께 구름속으로 끌어올려 공중에서 주를
영접하게 하시리니 그리하여 우리가 항상 주와
함께 있으리라 그러므로 이 여러 말로 서로 위
로하라

(딤후 4:7-8) 내가 선한 싸움을 싸우고 나와 달려갈 길을 마
치고 믿음을 지켰으니 이제 후로는 나를 위하
여 의의 면류관이 예비되었으므로 주 곧 의로
우신 재판장이 그 날이 내게 주실 것이니 내게
만 아니라 주의 나타나심을 사모하는 모든 자
에게니라

(약 4:13-14) 들으라 너희 중에 말하기를 오늘이나 내일이나
우리가 아무 도시에 가서 거기서 일 년을 유하
며 장사하여 이를 보리라 하는 자들아 내일 일
을 너희가 알지 못 하는도다 너희 생명이 무엇
이뇨 너희는 잠깐 보이다가 없어지는 안개니라

(벧전 1:24) 그러므로 모든 육체는 풀과 같고 그 모든 영광이
풀의 꽃과 같으니 풀은 마르고 꽃은 떨어지되

(계 21 : 1-7) 또 내가 새 하늘과 새 땅을 보니 처음 하늘과 처
음 땅이 없어졌고 바다도 다시 있지 않더라 또
내가 보매 거룩한 성 새 예루살렘이 하나님께로
부터 하늘에서 내려오니 그 예비한 것이 신부가
남편을 위하여 단장한 것 같더라 내가 들으니 보
좌에서 큰 음성이 나서 가로되 보라 하나님의 장
막이 사람들과 함께 있으매 하나님이 저희와 함
께 거하시리니 저희는 하나님의 백성이 되고 하
나님은 친히 저희와 함께 계셔서 모든 눈물을 그
눈에서 씻기시매 다시 사망이 없고 애통하는 것
이나 곡하는 것이나 아픈 것이 다시 있지 아니하
리니 처음 것들이 다 지나갔음이러라 보좌에 앉
으신 이가 가라사대 보라 내가 만물을 새롭게 하
노라 하시고 또 가라사대 이 말은 신실하고 참되
니 기록하라 하시고 또 내게 말씀하시되 이루었
도다 나는 알파와 오메가요 처음과 나중이라 내
가 생명수 샘물로 목마른 자에게 값없이 주리니
이기는 자는 이것들을 유업으로 얻으리라 나는
저의 하나님이 되고 그는 내 아들이 되리라

(계 7 : 17) 이는 보좌 가운데 계신 어린양이 저희와 목자가 되
사 생명수 샘으로 인도하시고 하나님께서 저희
눈에서 모든 눈물을 씻어 주실 것임이러라

(고후 5 : 8) 우리가 담대하여 원하는 바는 차라리 몸을 떠나
주와 함께 거하는 그것이라

4. 하관예배

(요 5:24-29) 내가 진실로 진실로 너희에게 이르노니 내 말
을 듣고 또 나 보내신 이를 믿는 자는 영생을
얻었고 심판에 이르지 아니하나니 사망에서
생명으로 옮겼느니라 진실로 진실로 너희에게
이르노니 죽은 자들이 하나님의 아들의 음성
을 들을 때가 오나니 곧 이 때라 듣는 자는 살
아나리라 아버지께서 자기 속에 생명이 있음
같이 아들에게도 생명을 주어 그 속에 있게 하
셨고 또 인자됨을 인하여 심판하는 권세를 주
셨느니라 이를 기이히 여기지 말라 무덤 속에
있는 자가 다 그의 음성을 들을 때가 오나니
선한 일을 행한 자는 생명의 부활로 악한 일을
행한 자는 심판의 부활로 나오리라
(요 11:23-26) 예수께서 가라사대 네 오라비가 다시 살리라
마르다가 가로되 마지막날 부활에는 다시 살
줄을 내가 아니이다 예수께서 가라사대 나는
부활이요 생명이니 나를 믿는 자는 죽어도 살
겠고 무릇 살아서도 나를 믿는 자는 영원히 죽
지 아니하리니 이것을 네가 믿느냐
(고전 15:50-58) 형제들아 내가 이것을 말하노니 혈과 육은
하나님 나라를 유업으로 받을 수 없고 또한 썩

은 것은 썩지 아니한 것을 유업으로 받지 못하
느니라 보라 내가 너희에게 비밀을 말하노니
우리가 다 잠잘 것이 아니요 마지막 나팔에 순
식간에 홀연히 다 변화하리니 나팔 소리가 나
매 죽은 자들이 썩지 아니할 것으로 다시 살고
우리도 변화하리라 이 썩을 것이 불가불 썩지
아니할 것을 입겠고 이 죽을 것이 죽지 아니함
을 입으리로다 이 썩을 것이 썩지 아니함을 입
고 이 죽을 것이 죽지 아니함을 입을 때에는
사망이 이김의 삼킨 바 되리라고 기록된 말씀
이 응하리라 사망아 너의 이기는 것이 어디 있
느냐 사망아 너의 쏘는 것이 어디 있느냐 사망
의 쏘는 것은 죄요 죄의 권능은 율법이라 우리
주 예수 그리스도로 말미암아 우리에게 이김
을 주시는 하나님께 감사하노니 그러므로 내
사랑하는 형제들아 견고하며 흔들리지 말며
항상 주의 일에 더욱 힘쓰는 자들이 되라 이는
너희 수고가 주 안에서 헛되지 않을 줄을 앎이
니라

(계 14:13) 또 내가 들으니 하늘에서 음성이 나서 가로되 기
록하라 지금 이후로 주 안에서 죽는 자들은 복
이 있도다 하시매 성령이 가라사대 그러하다
저희 수고를 그치고 쉬리니 이는 저희의 행한
일이 따름이라 하시더라

(고전 15:20) 그러나 이제 그리스도께서 죽은 자 가운데서 다시 살아 잠자는 자들의 첫 열매가 되셨도다 (22) 아담 안에서 모든 사람이 죽은 것같이 그리스도 안에서 모든 사람이 삶을 얻으리라 (51) 보라 내가 너희에게 비밀을 말하노니 우리가 다 잠잘 것이 아니요 마지막 나팔에 순식간에 홀연히 다 변화하리니 (55) 사망아 너의 이기는 것이 어디 있느냐 사망의 너의 쏘는 것이 어디 있느냐

(고후 5:1-4) 만일 땅에 있는 우리의 장막 집에 무너지면 하나님께서 지으신 집 곧 손으로 지은 것이 아니요 하늘에 있는 영원한 집이 우리에게 있는 줄 아나니 과연 우리가 여기 있어 탄식하며 하늘로부터 오는 처소로 덧입기를 간절히 사모하노니 이렇게 입음은 벗은 자들로 발견되지 않으려 함이라 이 장막에 있는 우리가 짐 진 것같이 탄식하는 것은 벗고자 함이 아니요 덧입고자 함이니 죽을 것이 생명에게 삼킨 바 되게 하려 함이라

(고전 15:42-49) 죽은 자의 부활도 이와 같으니 썩을 것으로 심고 썩지 아니할 것으로 다시 살며 욕된 것으로 심고 영광스러운 것으로 다시 살며 약한 것으로 심고 강한 것으로 다시 살며 육의 몸으로 심고 신령한 몸으로 다시 사나니 육의 몸이 있

은즉 또 신령한 몸이 있느니라 기록된 바 첫 사
람 아담은 산 영이 되었다 함과 같이 마지막 아
담은 살려 주는 영이 되었나니 그러나 먼저는
신령한 자가 아니요 육 있는 자요 그 다음에 신
령한 자니라 첫 사람은 땅에서 났으니 흙에 속
한 자이거니와 둘째 사람은 하늘에서 나셨으니
라 무릇 흙에 속한 자는 저 흙에 속한 자들과
같고 무릇 하늘에 속한 자는 저 하늘에 속한 자
들과 같으니 우리가 흙에 속한자의 형상을 입
은 것같이 또한 하늘에 속한 자의 형상을 입으
리라

5. 화장예배

(고후 5:1-4) 만일 땅에 있는 우리의 장막 집에 무너지면 하
나님께서 지으신 집 곧 손으로 지은 것이 아니
요 하늘에 있는 영원한 집이 우리에게 있는 줄
아나니, 가연 우리가 여기 있어 탄식하며 하늘
로부터 오는 처소로 덧입기를 간절히 사모하노
니, 이렇게 입음을 벗은 자들로 발견되지 않으
려 함이라. 이 장막에 있는 우리가 짐 진 것같
이 탄식하는 것은 벗고자 함이 아니요 오직 덧
입고자 함이니 죽을 것이 생명에게 삼킨 바 되
게 하려 함이라

(고전 15:20,22,51,55) 그러나 이제 그리스도께서 죽은 자
　　　　　　　가운데서 다시 살아 잠자는 자들의 첫 열매가
　　　　　　　되셨도다. 아담 안에서 모든 사람이 죽은 것같
　　　　　　　이 그리스도 안에서 모든 사람이 죽은 것같이
　　　　　　　그리스도 안에서 모든 사람이 삶을 얻으리라.
　　　　　　　보라 내가 너희에게 비밀을 말하노니 우리가
　　　　　　　다 잠잘 것이 아니요 마지막 나팔에 순식간에
　　　　　　　홀연히 다 변화하리니, 사망아 너의 이기는 것
　　　　　　　이 어디 있느냐 사망아 너의 쏘는 것이 어디 있
　　　　　　　느냐.

(계 14:13) 또 내가 들으니 하늘에서 음성이 나서 가로되 기
　　　　　　　록하라 지금 이후로 주 안에서 죽는 자들은 복
　　　　　　　이 있도다 하시매 성령이 가라사대 그러하다
　　　　　　　저희 수고를 그치고 쉬리니 이는 저희의 행한
　　　　　　　일이 따름이라 하시더라

6. 납골예배

(고전 15:42-49) 죽은 자의 부활도 이와 같으니 썩을 것으로
　　　　　　　심고 썩지 아니할 것으로 다시 살며, 욕된 것
　　　　　　　으로 심고 영광스러운 것으로 다시 살며 약한
　　　　　　　것으로 심고 강한 것으로 다시 살며, 육의 몸
　　　　　　　으로 심고 신령한 몸으로 다시 사나니 육의 몸
　　　　　　　이 있은즉 또 신령한 몸이 있느니라. 기록된

바 첫 사람 아담은 산 영이 되었다 함과 같이 마지막 아담은 살려 주는 영이 되었나니, 그러나 먼저는 신령한 자가 아니요 육 있는 자요 그 다음에 신령한 자니라. 첫 사람은 땅에서 났으니 흙에 속한 자이거니와 둘째 사람은 하늘에서 나셨느니라. 무릇 흙에 속한 자는 저 흙에 속한 자들과 같고 무릇 하늘에 속한 자는 저 하늘에 속한 자들과 같으니, 우리가 흙에 속한 자의 형상을 입은 것같이 또한 하늘에 속한 자의 형상을 입으리라.

(요 5:21-29) 아버지께서 죽은 자들을 일으켜 살리심같이 아들도 자기의 원하는 자들을 살리느니라. 아버지께서 아무도 심판하지 아니하시고 심판을 다 아들에게 맡기셨으니. 이는 모든 사람으로 아버지를 공경하는 것같이 아들을 공경하게 하려 하심이라 아들을 공경치 아니하는 자는 그를 보내신 아버지를 공경치 아니하느니라. 내가 진실로 진실로 너희에게 이르노니 내 말을 듣고 또 나 보내신 이를 믿는 자는 영생을 얻었고 심판에 이르지 아니하나니 사망에서 생명으로 옮겼느니라. 진실로 진실로 너희에게 이르노니 죽은 자들이 하나님의 아들의 음성을 들을 때가 오나니 곧 이 때라 듣는 자는 살아나리라. 아버지께서 자기 속에 생명이 있음같이 아들에

게도 생명을 주어 그 속에 있게 하셨고, 또 인
자됨을 인하여 심판하는 권세를 주셨느니라.
이를 기이히 여기지 말라 무덤 속에 있는 자가
다 그의 음성을 들을 때가 오나니, 선한 일을
행한 자는 생명의 부활로 악한 일을 행한 자는
심판의 부활로 나오리라.

(계 14:13) 또 내가 들으니 하늘에서 음성이 나서 가로되 기
록하라 지금 이후로 주 안에서 죽는 자들은 복
이 있도다 하시매 성령이 가라사대 그러하다
저희 수고를 그치고 쉬리니 이는 저희의 행한
일이 따름이라 하시더라

7. 귀가예배

(욥 1:21) 가로되 내가 모태에서 적신이 나왔사온즉 또한 적
신이 그리로 돌아가올지라 주신 자도 여호와시
요 추하신 자도 여호와시오니 여호와의 이름이
찬송을 받으실지니이다 하고

(롬 8:38-39) 내가 확신하노니 사망이나 생명이나 천사들이
나 권세자들이나 현재 일이나 장래 일이나 능
력이나 높음이나 깊음이나 다른 아무 피조물이
라도 우리를 우리 주 그리스도 예수 안에 있는
하나님의 사랑에서 끊을 수 없으리라

(딤후 4:7-8) 내가 선한 싸움을 싸우고 나의 달려갈 길을 마

치고 믿음을 지켰으니 이제 후로는 나를 위하여
의의 면류관이 예비되었으므로 주 곧 의로우신
재판장이 그 날에 내게 주실 것이니 내게만 아니
라 주의 나타나심을 사모하는 모든 자에게니라
(계 21:1-7) 또 내가 새 하늘과 새 땅을 보니 처음 하늘과 처
음 땅이 없어졌고 바다도 다시 있지 않더라 또
내가 보매 거룩한 성 새 예루살렘이 하나님께로
부터 하늘에서 내려오니 그 예비한 것이 신부가
남편을 위하여 단장한 것 같더라 내가 들으니 보
좌에서 큰 음성이 나서 가로되 보라 하나님의 장
막이 사람들과 함께 있으매 하나님이 저희와 함
께 거하시리니 저희는 하나님의 백성이 되고 하
나님은 친히 저희와 함께 계셔서 모든 눈물을 그
눈에서 씻기시매 다시 사망이 없고 애통하는 것
이나 곡하는 것이나 아픈 것이 다시 있지 아니하
리니 처음 것들이 다 지나갔음이러라 보좌에 앉
으신 이가 가라사대 보라 내가 만물을 새롭게 하
노라 하시고 또 가라사대 이 말은 신실하고 참되
니 기록하라 하시고 또 내게 말씀하시되 이루었
도다 나는 알파와 오메가요 처음과 나중이라 내
가 생명수 샘물로 목마른 자에게 값없이 주리니
이기는 자는 이것들을 유업으로 얻으리라 나는
저의 하나님이 되고 그는 내 아들이 되리라
(왕상 2:1-3) 다윗이 죽는 날이 임박하매 그 아들 솔로몬에게

명하여 갈로되 내가 이제 세상 모든 사람의 가는 길로 가게 되었노니 너는 힘써 대장부가 되고 네 하나님 여호와의 명을 지켜 그 길로 행하여 그 법률과 계명과 율례와 증거를 모세의 율법에 기록된 대로 지키라 그리하면 네가 무릇 무엇을 하든지 어디로 가든지 형통할지라

8. 추도예배

(딤후 1:3-5) 나의 밤낮 간구하는 가운데 쉬지 않고 너를 생각하여 청결한 양심으로 조상 적부터 섬겨 오는 하나님께 감사하고 네 눈물을 생각하여 너 보기를 원함은 내 기쁨이 가득하게 하려 함이니 이는 네 속에 거짓이 업는 믿음을 생각함이라 이 믿음은 먼저 네 외조모 로이스와 네 어머니 유니게 속에 있더니 네 속에도 있는 줄을 확신하노라

(시 112:1-10) 할렐루야, 여호와를 경외하며 그 계명을 크게 즐거워하는 자는 복이 있도다 그 후손이 땅에서 강성함이여 정직자의 후대가 복이 있으리로다 부요와 재물이 그 집에 있음이여 그 의가 영원히 있으리로다 정직한 자에게는 흑암 중에 빛이 일어나나니 구는 어질고 자비하고 의로운 자로다 은혜를 베풀며 꾸미는 자는 잘 되

나니 그 일을 공의로 하리로다 저가 영영히 요
동치 아니함이여 의인은 영원히 기념하게 되
리로다 그는 흉한 소식을 두려워 아니함이여
여호와를 의뢰하고 그 마음을 굳게 정하였도
다 그 마음이 견고하여 두려워 아니할 것이라
그 대적의 받는 보응을 필경 보리로다 저가 재
물을 흩어 빈궁한 자에게 주었으니 그 의가 영
원히 있고 그 뿔이 영화로이 들리리로다 악인
은 이를 보고 한하여 이를 갈면서 소멸하리니
악인의 소욕은 멸망하리로다

참고 서적(앞 명칭은 저자/후 명칭은 발행처)

「예식서」 예식서편찬위원회 / 대한예수교장로회 총회 출판국
「예식서」 예식서편찬위원회 / 기독교대한성결교회 총회
「목회 예식서」 이정희 / 침례회 출판국
「표준 예식서」 예식서재정위원회 / 대한예수교장로회
「예식서」 예식서편찬위원회 / 대한예수교장로회 교육부
「교회 예식서」 조명록 / 복음출판사
「예식서」 한국기독교장로회 출판국 / 한국기독교장로회 총회
「장로교 예식서」 백동섭 / 도서출판 복음
「예식서」 총회본부 / 예수교대한하나님의성회
「예식서」 안광국 / 기독교문사
「예식서」 박재호 /성광문화사
「예식서」 박병진 / 성광문화사
「예문」 오세창 / 기독교대한감리회 홍보출판국
「교회력」 배한국 / 컨콜디아사
「교회 의식문」 지원용 / 컨콜디아사
「가정의례 지침」 임택진 / 한국문서선교회
「예식과 설교」 김창인 / 충현교회 출판부
「관혼상제」 김상혁 / 하서출판사
「관혼상제」 한용덕 / 홍신문화사
「기독교와 관혼상제」 박근원 / 전망사
「하늘나라」 오상보 / 새한선교회
「가정행사 예배 안내」 김홍도 / 제자원
「천로예절」 임우순 / 종려문화사
「예식설교대전」 박종순외 / 한국문서선교회
「예식 설교」 최정성 / 백합출판사
「장례예식설교」 한국기도교장로회 교육원
「혼례예식설교」 한국기도교장로회 교육원
「신랑 신부에게」 한경직 외 17명 / 기가인
「예절」 이청림 / 진화사
「예절 비망록」 이신구 / 교회교육연구원
「모범 기도」 임택진 / 한국문서선교회
「가례서식백과」 은광사 편집부 / 은광사